Heinrich Böll Wo warst du, Adam?

Heinrich Böll

Wo warst du, Adam?

Roman

1989
Gustav Kiepenheuer Verlag
Leipzig und Weimar

Lizenzausgabe mit Genehmigung
des Lamuv Verlages GmbH, Bornheim
Der Vertrieb außerhalb der Deutschen Demokratischen Republik
ist nicht gestattet.

ISBN 3-378-00311-1

Gustav Kiepenheuer Verlag
Leipzig und Weimar
Erste Auflage
Lizenz Nr. 396/265/55/89 LSV 7301
Gesamtherstellung: Grafischer Großbetrieb
Völkerfreundschaft Dresden
Schrift: Garamond
Reihengestaltung: Gerhard Bunke
Printed in the German Democratic Republic
Bestell-Nr. 812 283 2
00460

Eine Weltkatastrophe kann zu manchem dienen. Auch dazu, ein Alibi zu finden vor Gott. Wo warst du, Adam? »Ich war im Weltkrieg.«

Theodor Haecker,
Tag- und Nachtbücher, 31. März 1940

Früher habe ich Abenteuer erlebt: die Einrichtung von Postlinien, die Überwindung der Sahara, Südamerika – aber der Krieg ist kein richtiges Abenteuer, er ist nur Abenteuer-Ersatz.
Der Krieg ist eine Krankheit. Wie der Typhus.

Antoine de Saint-Exupéry,
Flug nach Arras, S. 67

1

Zuerst ging ein großes, gelbes, tragisches Gesicht an ihnen
vorbei, das war der General. Der General sah müde aus.
Hastig trug er seinen Kopf mit den bläulichen Tränensäk-
ken, den gelben Malariaaugen und dem schlaffen, dünnlip-
pigen Mund eines Mannes, der Pech hat, an den tausend
Männern vorbei. Er fing an der rechten Ecke des staubigen
Karrees an, blickte jedem traurig ins Gesicht, nahm die
Kurven schlapp, ohne Schwung und Zackigkeit, und sie sa-
hen es alle: auf der Brust hatte er Orden genug, es blitzte
von Silber und Gold, aber sein Hals war leer, ohne Orden.
Und obwohl sie wußten, daß das Kreuz am Halse eines Ge-
nerals nicht viel bedeutete, so lähmte es sie doch, daß er
nicht einmal das hatte. Dieser magere, gelbe Generalshals
ohne Schmuck ließ an verlorene Schlachten denken, miß-
lungene Rückzüge, an Rüffel, peinliche, bissige Rüffel, wie
sie hohe Offiziere untereinander austauschten, an ironi-
sche Telefongespräche, versetzte Stabschefs und einen mü-
den, alten Mann, der hoffnungslos aussah, wenn er abends
den Rock auszog und sich mit seinen dünnen Beinen, dem
ausgemergelten Malariakörper auf den Rand seines Bettes
setzte, um Schnaps zu trinken. Alle die dreihundertund-
dreiunddreißig mal drei Mann, denen er ins Gesicht
blickte, fühlten etwas Seltsames: Trauer, Mitleid, Angst
und eine geheime Wut. Wut auf diesen Krieg, der schon
viel zu lange dauerte, viel zu lange, als daß der Hals eines
Generals noch ohne den gehörigen Schmuck hätte sein
dürfen. Der General hielt seine Hand an die verschlissene
Mütze, die Hand wenigstens hielt er gerade, und als er an
der linken Ecke des Karrees angekommen war, machte er
eine etwas schärfere Wendung, ging in die Mitte der offe-
nen Seite, blieb dort stehen, und der Schwarm von Offizie-
ren gruppierte sich um ihn, locker und doch planmäßig,
und es war peinlich, ihn dort zu sehen, ohne Halsschmuck,

während andere, Rangniedrigere, das Kreuz in der Sonne blitzen lassen konnten.

Er schien erst etwas sagen zu wollen, aber er nahm nur noch einmal sehr plötzlich die Hand an die Mütze und machte so unerwartet kehrt, daß der Schwarm von Offizieren sich erschreckt verteilte, um ihm Platz zu machen. Und sie sahen alle, wie das kleine, schmale Männchen in seinen Wagen stieg, die Offiziere ihre Hände noch einmal an die Mütze nahmen, und dann zeigte eine aufwirbelnde weiße Staubwolke an, daß der General nach Westen fuhr, dorthin, wo die Sonne schon ziemlich niedrig stand, nicht mehr sehr weit entfernt von den flachen weißen Dächern, dorthin, wo keine Front war.

Dann marschierten sie zu einhundertundelf mal drei Mann in einen anderen Stadtteil, südlich, an Cafés von schmutziger Eleganz vorbei, vorbei an Kinos und Kirchen, durch Armenviertel, wo Hunde und Hühner faul vor den Türen lagen, schmutzige, hübsche Frauen mit weißen Brüsten in den Fenstern, wo aus dreckigen Kneipen der eintönige, seltsam erregende Gesang trinkender Männer kam. Straßenbahnen kreischten mit abenteuerlicher Schnelligkeit vorbei – und dann kamen sie in ein Viertel, wo es still war. Villen lagen in grünen Gärten, Militärautos standen vor steinernen Portalen, und sie marschierten in eines dieser steinernen Portale hinein, kamen in einen sehr gepflegten Park und stellten sich wieder im Karree auf, in einem kleineren Karree, einhundertundelf mal drei Mann.

Das Gepäck wurde nach hinten herausgelegt, ausgerichtet, die Gewehre zusammengesetzt, und als sie wieder stillstanden, müde und hungrig, durstig, wütend und überdrüssig dieses verfluchten Krieges, als sie wieder stillstanden, ging ein schmales, rassiges Gesicht an ihnen vorbei: das war der Oberst, blaß, mit harten Augen, zusammengekniffenen Lippen und einer langen Nase. Es erschien ihnen allen selbstverständlich, daß der Kragen unter diesem Gesicht mit dem Kreuz geschmückt war. Aber auch dieses Gesicht gefiel ihnen nicht. Der Oberst nahm die Ecken gerade, ging langsam und fest, ließ kein Augenpaar aus, und als er zuletzt in die offene Flanke schwenkte, mit einem kleinen Schwanz von Offizieren, da wußten sie alle, daß er etwas sagen würde, und sie dachten alle, daß sie gern etwas trinken möchten, trinken, auch essen oder schlafen oder eine Zigarette rauchen. »Kameraden«, sagte die Stimme hell und klar, »Kameraden, ich begrüße euch. Es gibt nicht viel zu sagen, nur eins: wir müssen sie jagen, diese Schlappohren, jagen in ihre Steppe zurück. Versteht ihr?«

Die Stimme machte eine Pause, und das Schweigen in dieser Pause war peinlich, fast tödlich, und sie sahen alle, daß die Sonne schon ganz rot war, dunkelrot, und der tödliche rote Glanz schien sich in dem Kreuz am Halse des Obersten zu fangen, ganz allein in diesen vier glänzenden Balken, und sie sahen jetzt erst, daß das Kreuz noch verziert war, mit Eichenlaub, das sie Gemüse nannten.

Der Oberst hatte Gemüse am Hals.

»Ob ihr versteht?« schrie die Stimme, und sie überschlug sich jetzt.

»Jawohl«, riefen ein paar, aber die Stimmen waren heiser, müde und gleichgültig.

»Ob ihr versteht, frage ich?« schrie die Stimme wieder, und sie überschlug sich so sehr, daß sie in den Himmel zu steigen schien, schnell, allzu schnell wie eine verrückt gewordene Lerche, die sich einen Stern zum Futter pflücken will.

»Jawohl«, riefen ein paar mehr, aber nicht viele, und auch die, die schrien, waren müde, heiser, gleichgültig, und nichts an der Stimme dieses Mannes konnte ihnen ihren Durst stillen, ihren Hunger nehmen und die Lust auf eine Zigarette.

Der Oberst schlug wütend mit seiner Gerte in die Luft, sie hörten etwas, das wie »Mistbande« klang, und er ging mit sehr schnellen Schritten nach hinten weg, gefolgt von seinem Adjutanten, einem langen jungen Oberleutnant, der viel zu lang war, viel zu jung auch, um ihnen nicht leid zu tun.

Immer noch stand die Sonne am Himmel, genau über den Dächern, ein glühendes Eisenei, das über die flachen weißen Dächer zu rollen schien, und der Himmel war graugebrannt, fast weiß, schlapp hing das magere Laub von den Bäumen, als sie weitermarschierten, nun endlich östlich, durch die Vorstadt, an Hütten vorbei, über Kopfsteinpflaster, vorbei an den Baracken von Lumpenhändlern, einem völlig deplacierten Block moderner, dreckiger Mietskasernen, Abfallgruben, durch Gärten, in denen Melonen faul am Boden lagen, pralle Tomaten an großen Stauden hingen, staubbedeckt, an viel zu großen Stauden, die ihnen fremd vorkamen. Fremd waren auch die Maisfelder mit ihren dikken Kolben, an denen Scharen schwarzer Vögel herumpickten, die träge aufflogen, als ihr müder Tritt sich näherte, Wolken von Vögeln, die zögernd in der Luft schwebten, sich dann niederließen und weiterpickten.

Nun waren sie nur noch fünfunddreißig mal drei Mann, ein müder Zug, staubbedeckt, mit wunden Füßen, schwitzenden Gesichtern, an der Spitze ein Oberleutnant, dem der Überdruß auf dem Gesicht stand. Schon als er das Kommando übernahm, hatten sie gewußt, was für einer er war. Er hatte sie nur angeblickt, und in seinen Augen lasen sie es, obwohl sie müde waren, durstig, durstig, sie lasen es: ›Scheiße‹, sagte sein Blick, ›nichts als Scheiße, aber wir können nichts machen.‹ Und dann sagte seine Stimme mit betonter Gleichgültigkeit, alle üblichen Kommandos verachtend: »Los.«

Sie hielten jetzt an einer schmutzigen Schule, die zwischen halbverwelkten Bäumen lag. Schwarze stinkende Pfützen, über denen sich brummende Fliegen tummelten, schienen schon seit Monaten dort zu stehen zwischen grobem Pflaster und einer mit Kreide bekritzelten Pißbude, aus der es abscheulich stank, scharf und deutlich.

»Halt«, sagte der Oberleutnant, dann ging er ins Haus,

und er hatte den eleganten und zugleich schlappen Gang eines Mannes, der von oben bis unten mit Überdruß angefüllt ist.

Jetzt brauchten sie kein Karree mehr zu bilden, und der Hauptmann, der an ihnen vorbeiging, nahm nicht einmal die Hand an die Mütze; er hatte kein Koppel um, einen Strohhalm zwischen den Zähnen, und sein dickes Gesicht mit den schwarzen Brauen sah gemütlich aus. Er nickte nur, machte »hm«, stellte sich vor sie und sagte: »Wir haben nicht viel Zeit, Jungens. Ich werde den Spieß schicken und euch gleich zu den Kompanien verteilen lassen.« Aber sie hatten an seinem gesunden Gesicht vorbei schon lange gesehn, daß die Gefechtswagen fertig gepackt dort standen und auf den Fensterbänken in den offenen, schmutzigen Fenstern die Sturmgepäcke lagen, grünliche korrekte Pakete, die Koppel daneben mit allem, was dazu gehörte: Brotbeutel, Patronentaschen, Spaten und Gasmaske.

Als sie weitergingen, waren sie nur noch zu acht mal drei Mann, und sie gingen durch die Maisfelder zurück bis zu den häßlichen modernen Mietskasernen, bogen dann wieder östlich und kamen an ein paar Häuser in dürftigem Wald, die fast wie eine Künstlerkolonie aussahen: einstökkige, flachdachige Dinger mit großen Glasfenstern. Sommerstühle standen in den Gärten, und als sie hielten und kehrtmachten, sahen sie, daß die Sonne nun schon hinter den Häusern stand, daß ihr Schein die ganze Kuppel des Himmels füllte mit etwas zu hellem Rot, das wie schlecht gemaltes Blut aussah – und hinter ihnen, im Osten, war es schon dunkel-dämmerig und warm. Vor den kleinen Häusern hockten Landser im Schatten, irgendwo standen Gewehrpyramiden, zehn ungefähr schienen es zu sein, und sie sahen, daß die Landser die Koppel schon umgeschnallt hatten: die Stahlhelme an den Karabinerhaken glänzten rötlich.

Der Oberleutnant, der aus einem Häuschen kam, ging gar nicht an ihnen vorbei. Er blieb gleich in der Mitte vor ihnen stehen, und sie sahen, daß er nur einen Orden hatte, einen kleinen schwarzen Orden, der eigentlich gar kein Orden war, eine nichtssagende Medaille, aus schwarzem Blech gestanzt, aus der zu ersehen war, daß er Blut fürs Vaterland vergossen hatte. Das Gesicht des Oberleutnants war müde und traurig, und als er sie jetzt anblickte, blickte er erst auf ihre Orden, dann in ihre Gesichter, und er sagte: »Schön«, und nach einer kleinen Pause mit einem Blick auf seine Uhr: »Ihr seid müde, ich weiß, aber ich kann nichts machen – wir müssen in einer Viertelstunde weg.«

Dann blickte er den Unteroffizier an, der neben ihm stand, und sagte: »Hat keinen Zweck, die Personalien aufzunehmen – Soldbücher einsammeln, zum Troß mitgeben. Schnell einteilen, damit die Leute noch trinken können. Macht euch auch die Feldflaschen voll!« rief er den acht mal drei Mann zu.

Der Unteroffizier neben ihm sah gereizt und eingebildet aus. Er hatte viermal soviel Orden wie der Oberleutnant, und er nickte jetzt und sagte mit lauter Stimme: »Los, Soldbücher raus!«

Er legte den Packen auf einen wackeligen Gartentisch und fing an, sie einzuteilen, und während sie gezählt und zugewiesen wurden, dachten sie alle das gleiche: die Fahrt war ermüdend gewesen, langweilig, zum Kotzen, aber es war nicht Ernst gewesen. Auch der General, der Oberst, der Hauptmann, sogar der Oberleutnant, die waren weit weg, die konnten ihnen nichts wollen. Aber die hier, denen gehörten sie, diesem Unteroffizier, der die Hand an die Mütze nahm, die Hacken zusammenknallte, wie man es vor vier Jahren einmal getan hatte, oder diesem büffeligen Feldwebel, der nun von hinten herantrat, die Zigarette wegschmiß und sein Koppel zurechtrückte – denen gehörten sie, bis sie gefangen waren oder irgendwo lagen, verwundet – oder tot.

Von den tausend Mann war einer allein übriggeblieben, der nun vor dem Unteroffizier stand und sich hilflos umblickte, weil niemand mehr neben, hinter und vor ihm war; und als er den Unteroffizier wieder ansah, fiel ihm ein, daß er durstig war, sehr durstig, und daß von der Viertelstunde schon mindestens acht Minuten vergangen waren.

Der Unteroffizier hatte sein Soldbuch vom Tisch genommen, es aufgeschlagen, blickte nun rein, sah dann ihn an und fragte: »Sie heißen Feinhals?«

»Jawohl.«

»Sind Architekt – und können zeichnen?«

»Jawohl.«

»Kompanietrupp, können wir gebrauchen, Herr Oberleutnant.«

»Schön«, sagte der Oberleutnant und blickte zur Stadt hin, und Feinhals blickte auch dorthin, wo der Oberleutnant hinsah, und er sah jetzt, was diesen so zu fesseln schien: da hinten lag die Sonne jetzt in einer Straßenzeile zwischen zwei Häusern auf dem Boden, merkwürdig, wie ein abgeflachter, glänzender, sehr entarteter Apfel lag sie da einfach zwischen zwei schmutzigen rumänischen Vorstadthäusern auf dem Boden, ein Apfel, der zusehends an Glanz verlor und fast in seinem eigenen Schatten zu liegen schien.

»Schön«, sagte der Oberleutnant noch einmal, und Feinhals wußte nicht, ob er wirklich die Sonne meinte oder die Phrase nur gewohnheitsmäßig von sich gab. Feinhals dachte daran, daß er jetzt schon vier Jahre unterwegs war, vier Jahre schon, und damals auf der Postkarte hatte gestanden, daß er zu einer mehrwöchigen Übung einberufen würde. Aber plötzlich war Krieg gekommen.

»Gehen Sie trinken«, sagte der Unteroffizier zu Feinhals. Feinhals lief dorthin, wo die anderen hingelaufen waren, und er fand die Wasserstelle sofort: der Kran war ein rostiges Eisenrohr mit ausgeleiertem Gartenhahn zwischen mageren Kiefernstämmen, und der Strahl, der herauskam, war halb so dick wie ein kleiner Finger, aber schlimmer war noch, daß fast zehn Mann dort standen, drängend, schimpfend, die gegenseitig ihre Kochgeschirre wegstießen.

Der Anblick des rinnenden Wassers machte Feinhals fast besinnungslos. Er riß das Kochgeschirr vom Brotbeutel, zwängte sich zwischen die anderen und spürte plötzlich, daß er unendlich viel Kraft hatte. Er quetschte sein Geschirr zwischen die anderen, hinein in diese stets sich verschiebende Vielzahl blecherner Öffnungen, und er wußte nicht mehr, welches sein eigenes war; er verfolgte seinen Arm, sah, daß das dunkler emaillierte seins war, schob es mit kräftigem Ruck durch und fühlte etwas, was ihn zittern ließ: es wurde schwer. Er wußte nicht mehr, was schöner war: zu trinken oder zu spüren, wie sein Kochgeschirr schwerer wurde. Plötzlich zog er es zurück, weil er spürte, wie seine Hände kraftlos wurden, es zitterte in seinen Adern von Schwäche, und während hinter ihm die Stimmen riefen: »Antreten – los voran!« setzte er sich, nahm das Kochgeschirr zwischen die Knie, weil er keine Kraft mehr hatte, es hochzuheben, und beugte sich darüber wie ein Hund über seinen Napf, drückte mit bebenden Fingern sanft nach, so daß der untere Rand sich senkte und der Wasserspiegel seine Lippen berührte, und als die Oberlippe nun wirklich naß wurde und er anfing zu schlürfen, tanzte es vor seinen Augen in allen Farben, sich verschiebend: ›Wasser, Sserwa, Asserw‹, er sah es mit einer irren Deutlichkeit ins Imaginäre geschrieben: Wasser. Seine Hände wurden wieder stark, er konnte den Napf heben und trinken.

Irgend jemand riß ihn hoch, stieß ihn vor sich her, und er sah die Kompanie dort stehen, den Oberleutnant vorn, der rief: »Voran, voran!«, und er nahm sein Gewehr auf die Schulter und reihte sich vorn ein, wohin ihn der winkende Unteroffizier befohlen hatte.

Dann marschierten sie vorwärts, ins Dunkle hinein, und er bewegte sich, ohne es zu wollen: er wollte sich eigentlich fallen lassen, aber er ging voran, ohne es zu wollen, sein eigenes Schwergewicht veranlaßte ihn, die Knie einzudrükken, und wenn er die Knie eindrückte, schoben sich die wunden Füße vorwärts, die große Placken von Schmerz mitzuschleppen hatten, viel zu große Placken, die größer waren als seine Füße: seine Füße waren zu klein für diesen Schmerz; und wenn er die Füße vorwärtsschob, kam die Masse von Hintern, Schultern, Armen und Kopf wieder in Bewegung und veranlaßte ihn, die Knie einzudrücken, und wenn er die Knie eindrückte, schoben sich die wunden Füße vorwärts …

Drei Stunden später lag er müde irgendwo auf magerem Steppengras und sah einer Gestalt nach, die im grauen Dunkel davonkroch; diese Gestalt hatte ihm zwei fettige Papiere, ein Stück Brot, eine Rolle Drops und sechs Zigaretten gebracht, und sie hatte zu ihm gesagt:

»Kennst du die Parole?«

»Nein.«

»Sieg. Parole: Sieg.«

Und er hatte leise wiederholt: »Sieg, Parole Sieg«, und das Wort schmeckte wie lauwarmes Wasser auf der Zunge.

Dann löste er das Papier von den Drops, steckte eins in den Mund, und als er den dünnen säuerlich-synthetischen Geschmack im Mund verspürte, trieb es ihm den Speichel aus den Drüsen – er spülte den ersten Schwall dieser süßvermischten Bitternis hinunter –, und er hörte plötzlich die Granaten, die stundenlang vorn auf einer entfernten Linie herumgebummelt hatten, über sie hinwegfliegen, flatternd, rauschend, wackelnd wie schlecht vernagelte Kisten, und es krachte hinter ihnen ein. Die zweite Ladung lag vor ihnen, nicht allzu weit: Sandfontänen zeichneten sich wie zerfließende Pilze auf dem hellen Dunkel des östlichen Himmels ab, und ihm fiel auf, daß es jetzt hinter ihnen dunkel war und vor ihnen etwas heller. Die dritte Ladung hörte er nicht: zwischen ihnen schien man mit Zuschlaghämmern Sperrholzplatten zu zerschlagen, krachend, splitternd, nah, gefährlich. Dreck und Pulverdampf trieben nahe der Erde hin, und als er sich herumgeworfen hatte, an die Erde gepreßt, den Kopf vorn in der Mulde der Böschung, die er aufgeworfen hatte, hörte er, wie der Befehl durchgegeben wurde: »Fertigmachen zum Sprung!« Es wisperte, von rechts kommend, zischte an ihnen vorbei wie eine Zündschnur, die nach links abzubrennen schien, still und gefährlich, und als er sein Sturmgepäck zurechtschieben, es festhaken wollte, krachte es neben ihm, und jemand schien ihm die Hand wegzuschlagen und ihn heftig am Oberarm zu zerren. Sein ganzer linker Arm war in feuchte Wärme getaucht, und er hob sein Gesicht aus dem Dreck und rief: »Ich bin verwundet«, aber er selbst hörte nicht, was er rief, er hörte nur leise eine Stimme sagen: »Roßapfel.«

Sehr entfernt, wie durch dicke Glaswände von ihm getrennt, sehr nah und doch entfernt. »Roßapfel«, sagte die Stimme; leise, vornehm, entfernt, gedämpft: »Roßapfel, Hauptmann Bauer, jawohl«; dann war es ganz still, und die Stimme sagte: »Ich höre Herrn Oberstleutnant.« Pause, ganz still war es, nur ferne brodelte etwas, zischte und puffte leise, als koche etwas über. Dann fiel ihm ein, daß er die Augen geschlossen hatte, und er schlug sie auf: er sah den Kopf des Hauptmanns, hörte nun auch die Stimme lauter; der Kopf stand in einem dunklen, schmutzig umrahmten Fensterausschnitt, und das Gesicht des Hauptmanns war müde, unrasiert und übellaunig, er hatte die Augen zugekniffen und sagte jetzt dreimal hintereinander, mit winzigen Pausen dazwischen: »Jawohl, Herr Oberstleutnant« – »Jawohl, Herr Oberstleutnant« – »Jawohl, Herr Oberstleutnant.«

Dann setzte der Hauptmann den Stahlhelm auf, und sein breiter, gutmütiger, schwarzer Kopf sah nun sehr lächerlich aus, als er zu jemand neben sich sagte: »Mist, Durchbruch bei Roßapfel drei, Freischütz vier, ich muß nach vorn.« Eine andere Stimme rief ins Haus: »Kradmelder zu Herrn Hauptmann«, und es pflanzte sich fort wie ein Echo, murmelte im Haus herum, immer leiser werdend: »Kradmelder zu Herrn Hauptmann, Kradmelder zu Herrn Hauptmann.«

Dann hörte er die Maschine knattern, verfolgte ihr trokkenes Geräusch, das näher kam, und sah sie um eine Ecke biegen, langsam, das Tempo verringernd, bis sie vor ihm stehenblieb, brummend, staubbedeckt, und der Fahrer mit seinem müden, gleichgültigen Gesicht, der auf dem hopsenden Ding sitzenblieb, rief ins Fenster: »Krad für Herrn Hauptmann zur Stelle.« Und breitbeinig und langsam, die Zigarre im Mund, trat der Hauptmann aus der Tür, ein finsterer, dicker Pilz mit seinem Stahlhelm, er kletterte lustlos in den Beiwagen, sagte »Los«, und die Maschine hopste hoch und rappelte davon, hastig, in Staub gehüllt, dem brodelnden Durcheinander da vorn entgegen.

Feinhals wußte nicht, ob er sich jemals so glücklich gefühlt hatte. Er spürte kaum Schmerz; in seinem linken Arm, der ganz dick verpackt neben ihm lag, steif und blutig, feucht und fremd, spürte er ein leises Unbehagen, sonst nichts; sonst war alles heil; er konnte die Beine einzeln hochheben, die Füße in den Stiefeln kreisen lassen, den Kopf hochheben, und er konnte liegend rauchen, vor sich die Sonne, die eine Handbreit über der grauen Staubwolke im Osten stand. Aller Lärm war irgendwie entfernt und gedämpft, schien, als sei sein Kopf mit einer Watteschicht umgeben, und es fiel ihm ein, daß er fast vierundzwanzig Stunden nichts gegessen hatte als ein säuerlich-synthetisches Bonbon, nichts getrunken als ein wenig Wasser, rostig und lauwarm mit dem Geschmack von Sand.

Als er spürte, daß er aufgehoben und weggetragen wurde, schloß er die Augen wieder, aber er sah alles, es war so bekannt, war irgendwann schon einmal mit ihm geschehen: an den Auspuffgasen eines brummenden Wagens vorbei wurde er in das heiße, nach Benzin stinkende Innere getragen, die Bahre knirschte in den Schienen, dann sprang der Motor an, und der Lärm draußen entfernte sich immer mehr, unmerklich fast, so wie er sich am Abend vorher unmerklich genähert hatte, nur einzelne Granaten schlugen in die Vorstädte, regelmäßig, ruhig, und während er merkte, daß er einschlafen würde, dachte er: ›Es ist gut, es ist schnell gegangen dieses Mal, sehr schnell –.‹ Nur ein wenig Durst hatte er gehabt, Schmerzen an den Füßen und ein wenig Angst.

Als der Wagen mit einem Ruck hielt, erwachte er aus seinem Dösen. Türen wurden aufgerissen, wieder kreischten die Tragbahren in den Schienen, und er wurde in einen kühlen weißen Flur hineingetragen, in dem es ganz still war: hintereinander standen die Tragen wie Liegestühle auf einem schmalen Deck, und er sah vor sich einen dichtbehaarten schwarzen Kopf, der ruhig lag, davor auf der nächsten Bahre eine Glatze, die sich heftig hin und her bewegte, und ganz vorn, auf der ersten Bahre, einen weißen Kopf, der dicht verbunden war, vollkommen umwickelt, einen häßlichen, viel zu schmalen Kopf, und aus diesem Mullpakken kam eine Stimme, schneidend, hell, klar, hart gegen die Decke steigend, hilflos und frech zugleich, die Stimme des Obersten, und die Stimme schrie: »Sekt!«

»Schiffe«, sagte der Glatzkopf vorn ruhig, »sauf deine Schiffe.« Hinten wurde gelacht, leise und vorsichtig.

»Sekt«, schrie die Stimme wütend, »kühlen Sekt.« – »Halt die Fresse«, sagte der Glatzkopf ruhig, »halt endlich die Fresse.«

»Sekt«, rief die Stimme weinerlich, »ich will Sekt«; und der weiße Kopf sank nach hinten, lag jetzt flach da, und zwischen dichten Mullbahnen stieg eine dünne Nasenspitze heraus, und die Stimme stieg noch höher und rief: »Eine Frau – eine kleine Frau ...«

»Schlaf mit dir selbst«, gab der Glatzkopf zurück.

Dann wurde endlich der weiße Kopf in die Tür hineingetragen, und es war still.

In der Stille hörten sie nur die einzelnen Granaten einschlagen, die in entfernte Stadtteile pufften, dunkle ferne Explosionen, die am Rande des Krieges leise dahinzuorgeln schienen. Und als der weiße Kopf des Obersten, nun stumm auf der Seite liegend, herausgetragen und der Glatzkopf hineingeschoben wurde, näherte sich das Geräusch eines Autos draußen: ein sanft heulender Motor kam näher, schnell und fast drohend, schien gegen das kühle weiße Haus rammen zu wollen, so nah war er schon; dann war er plötzlich still, draußen schrie eine Stimme etwas, und als sie sich umwandten, aufgeschreckt aus ihrer friedlichen, dösenden Müdigkeit, sahen sie den General, der langsam an den Bahren vorbeiging und wortlos Zigarettenschachteln in die Schöße der Männer legte. Die Stille wurde drückender, je näher die Schritte des kleinen Mannes von hinten kamen, und dann sah Feinhals das Gesicht des Generals ganz nah: gelb, groß und traurig mit schneeweißen Brauen, eine schwärzliche Spur von Staub um den dünnen Mund, und in diesem Gesicht war zu lesen, daß auch diese Schlacht verloren war.

2

Er hörte, daß eine Stimme »Bressen« sagte, »Bressen, sehen Sie mich an«, und er wußte, daß dies die Stimme von Kleewitz war, dem Divisionsarzt, der wohl hergeschickt war, um sich zu erkundigen, wann er wiederkommen würde. Aber er würde nicht wiederkommen, nichts mehr wollte er hören und sehen von diesem Regiment – und er sah Kleewitz nicht an. Er sah ganz starr auf das Bild, das ganz rechts von ihm hing, fast in der dunklen Ecke: eine grau und grün gemalte Schafherde, in deren Mitte ein Schäfer in blauem Mantel stand und Flöte blies.

Er dachte an Dinge, die kein Mensch hätte erraten können und an die er gern dachte, obwohl sie widerwärtig waren. Er wußte nicht, ob er Kleewitz' Stimme hörte; er hörte sie natürlich, aber er wollte es sich nicht eingestehen, und er blickte den Schäfer an, der seine Flöte blies – anstatt den Kopf zu wenden und zu sagen: ›Kleewitz, nett, daß Sie gekommen sind.‹

Dann hörte er das Herumblättern von Papier, und er nahm an, daß sie seine Krankengeschichte studierten. Er blickte in den Nacken des Schäfers und dachte daran, daß er früher eine Zeitlang Nicker in einem Hotel gewesen war, in einem sehr vornehmen Restaurant. Mittags, wenn die Herren zum Essen kamen, ging er hochaufgerichtet durch das Lokal und verbeugte sich, und es war merkwürdig gewesen, wie schnell und genau er begriffen hatte, welche Nuancen in seine Verbeugungen zu bringen waren: ob er sich kurz verbeugte, tief, ob er nur nickte, wie er nickte, und manchmal machte er nur eine sehr kurze Kopfbewegung, die in Wirklichkeit ein Auf- und Zuklappen der Augen war, aber wie eine Kopfbewegung wirkte. Gradunterschiede waren für ihn so einfach zu erkennen – es war wie mit den Rängen bei der Armee, dieser Hierarchie der geflochtenen und platten, besternten und unbesternten Schulterstücke, der die große Masse der mehr oder weniger schmucklosen Achselklappen folgte. In diesem Restaurant war die Reihenfolge der Verbeugungsgrade verhältnismäßig einfach: es ging nach dem Geldbeutel, nach der Höhe der Zeche. Er war nicht einmal außerordentlich freundlich, er lächelte fast nie, und sein Gesicht, wenn er auch versuchte, möglichst ausdruckslos dreinzuschauen, sein Gesicht verlor nie diesen Ausdruck von Strenge und Wachsamkeit. Jeden, den er ansah, beschlich weniger das Gefühl, geehrt zu sein, als ein Gefühl der Schuld; alle fühlten sich beobachtet, gemustert, und er hatte schnell heraus, daß es eine Sorte von Menschen gab, die verwirrt wurden, so verwirrt, daß sie sich gedankenlos mit dem Messer über die Kartoffeln machten, wenn sein Blick auf ihnen ruhte, und die ängstlich nach ihren Brieftaschen tasteten, sobald er vorübergegangen war. Ihn wunderte nur, daß sie immer wiederkamen, auch diese. Sie kamen wieder und ließen sich zunicken, ließen diese ungemütliche Musterung über sich ergehen, die zu einem feinen Restaurant gehört. Er bekam sein schmales, rassiges Gesicht und die Fähigkeit, Anzüge anständig zu tragen, verhältnismäßig gut bezahlt, und außerdem aß er umsonst. Aber während er sich den Schein eines gewissen Hochmuts zu geben versuchte, war er im Grunde oft ängstlich. Es gab Tage, an denen er spürte, wie sich der Schweiß auf seinem Körper sammelte, wie er stoßartig herausbrach und ihn beklemmte. Und der Wirt war ein Prolet, ein gutmütiger, auf seinen Erfolg eitler Bursche, der eine peinliche Art hatte; abends spät, wenn das Lokal sich allmählich leerte und er daran denken konnte, nach Hause zu gehen – dann griff er manchmal mit seinen dicken Fingern in die Zigarrenkiste und steckte ihm trotz seines Sträubens drei oder vier in die obere Rocktasche. »Mein Gott«, murmelte der Wirt mit seinem unsicheren Lächeln, »nehmen Sie doch – sind gute Zigarren.« – Er nahm sie. Er rauchte sie abends mit Velten, mit dem zusammen er eine kleine möblierte Wohnung hatte, und Velten wunderte sich jedesmal über die Qualität der Zigarren. »Bressen«, sagte Velten, »Bressen, Donnerwetter, Sie rauchen ein gutes Kraut.« Er schwieg dazu und zierte sich nicht, wenn Velten etwas Gutes zu trinken mitbrachte. Velten war Reisender für eine Spirituosenfirma, und wenn er gute Geschäfte gemacht hatte, brachte Velten eine Flasche Sekt mit.

»Sekt«, sagte er laut vor sich hin, »kühlen Sekt.«

»Das ist das einzige, was er manchmal sagt«, sagte der Stationsarzt neben ihm.

»Sie meinen Herrn Oberst?« fragte Kleewitz kühl.

»Jawohl, Herrn Oberst Bressen. Das einzige, was Herr Oberst manchmal sagen, ist: Sekt – kühler Sekt. Und dann sprechen Herr Oberst manchmal von Frauen – kleinen Frauen.«

Daß er im Restaurant auch hatte essen müssen, war widerlich gewesen. In einem ziemlich schmutzigen Hinterzimmer auf einer schäbigen Tischdecke, bedient von der unfreundlichen Köchin, die seiner Vorliebe für Pudding keinerlei Rechnung trug – in der Nase, in Hals und Mund diese ekelhaften, kalten Kochdünste, fett und gräßlich – und dieses ständige Aus- und Eingehen des Wirtes, der dann für Augenblicke neben ihm hockte, die Zigarre im Mund, sich aus einer Schnapspulle einschenkte und stumm soff.

Später hatte er Unterricht in gutem Benehmen erteilt. Die Stadt, in der er wohnte, war sehr geeignet für diese Art von Unterricht. Es gab dort viele Reiche, die nicht einmal wußten, daß Fisch anders als Fleisch gegessen wurde, die buchstäblich ihr Leben lang mit den Fingern gegessen hatten, nun Autos hatten, Villen und Weiber, die es nicht länger ertrugen, in ihrer eigenen Haut zu stecken. Er lehrte sie, sich auf dem Glatteis gesellschaftlicher Verpflichtungen einigermaßen aufzuführen, er ging zu ihnen, besprach die Speisenfolge mit ihnen, brachte ihnen bei, die Dienstboten richtig zu behandeln, und aß dann abends mit ihnen – er hatte ihnen jeden Handgriff beizubringen, sie genau zu beobachten, zu korrigieren, und versuchte ihnen klarzumachen, wie man eigenhändig die Sektpulle aufmacht.

»Sekt«, sagte er laut vor sich hin, »kühlen Sekt.«

»O Gott, o Gott«, rief Kleewitz, »Bressen, sehen Sie mich an.«

Aber er dachte nicht daran, Kleewitz anzusehen; nichts wollte er hören, nichts sehen von diesem Regiment, das ihm unter seinen Händen auseinandergefallen war wie Zunder; Roßapfel, Freischütz und Zuckerhut – befehligt durch seinen Stab, der sich Jagdbude nannte – weg! Und kurz darauf hörte er, daß Kleewitz gegangen war.

Er war froh, daß er endlich seinen Blick von der Schafherde und dem blöden Schäfer lösen konnte, es hing etwas zu weit rechts von ihm, und er bekam einen leichten Krampf im Nacken. Das zweite Bild hing fast genau vor ihm, und er war gezwungen, es anzusehen, obwohl auch das ihm nicht gefiel: es zeigte den Kronprinzen Michael, der mit einem rumänischen Bauern sprach, flankiert von Marschall Antonescu und der Königin. Die Haltung des rumänischen Bauern war aufregend. Er hatte die Füße zu nahe und zu fest beieinander stehen, und es sah aus, als ob er nach vorn kippen und das Geschenk, das er in der Hand hielt, dem jungen König auf die Füße werfen würde: das Geschenk war nicht genau zu erkennen – Salz oder Brot oder ein Klumpen Ziegenkäse, aber der junge König lächelte dem Bauern zu. Bressen sah diese Dinge schon lange nicht mehr; er war froh, einen Punkt gefunden zu haben, auf den er starren konnte, ohne den Krampf im Nacken befürchten zu müssen.

Was ihn bei diesem Unterricht verblüfft hatte, was er noch nicht gewußt hatte und was einzusehen er sich lange sträubte: daß man diese Dinge wirklich lernen konnte – diese kleine Schauspielerei, mit Messer und Gabel richtig zu hantieren. Er erschrak oft, wenn er diese Burschen und ihre Weiber sah, die ihn nach drei Monaten korrekt und höflich wie einen tüchtigen, aber einseitigen Lehrer behandelten und ihm lächelnd einen Scheck überreichten. Manche auch begriffen es nie – ihre Finger waren zu ungeschickt, sie brachten es nicht fertig, eine Käsekruste abzuschneiden, ohne die Scheibe in die Hand zu nehmen, oder ein Weinglas richtig am Stiel anzufassen – und es gab eine dritte Kategorie, die es nicht lernte, sich aber gar nichts daraus machte – abgesehen von denen, die er nicht kennenlernte, von denen er aber hörte: die es gar nicht für nötig hielten, ihn zu Rate zu ziehen.

Das einzige, was ihn während dieser Zeit tröstete, war die Möglichkeit, mit ihren Frauen ab und zu ein Abenteuer zu bestehen – ein ungefährliches Abenteuer, das ihn nicht enttäuschte, aber den Frauen Widerwillen gegen ihn einzuflößen schien. Er hatte viele Abenteuer in dieser Zeit – mit den verschiedensten Frauen –, aber keine einzige von diesen allen war je ein zweites Mal zu ihm gekommen oder mit ihm gegangen, obwohl er meistens Sekt mit ihnen trank.

»Sekt«, sagte er laut vor sich hin, »kühlen Sekt.«

Er sagte es auch, wenn er allein war – es war besser –, und einen Augenblick lang dachte er an den Krieg, diesen Krieg hier, nur einen Augenblick, bis er hörte, daß wieder zwei ins Zimmer traten. Er sah weiter starr auf diesen undefinierbaren Klumpen, den der rumänische Bauer dem jungen König Michael hinhielt – und für einen Augenblick sah er zwischen sich und dem Bild die rosige Hand des Chefarztes, der sich über ihn beugte und die Fieberkurve vom Haken nahm.

»Sekt«, sagte Bressen laut, »Sekt und eine kleine Frau.«

»Herr Bressen«, rief der Chefarzt leise, »Herr Bressen.« Dann war einen Augenblick Schweigen, und der Chef sagte zu dem, der bei ihm war: »Verladen mit DL nach Wien – die Division bedauert zwar außerordentlich, daß sie auf Herrn Bressen verzichten muß, aber ...«

»Jawohl«, sagte der Stationsarzt, dann hörte er nichts, obwohl sie noch neben ihm stehen mußten, denn er hatte die Tür nicht gehört. Dann raschelte wieder dieses verfluchte Papier, und sie schienen wieder seine Krankengeschichte durchzulesen. Keiner sprach ein Wort.

Später hatte man sich dann erinnert, daß es Dinge gab, die er wirklich lehren konnte und die zu lehren Sinn hatte: die neue Heeresdienstvorschrift, die er schon kannte, weil er die neuen Lieferungen regelmäßig zugeschickt bekam. Für den Stahlhelm und die Jugendorganisation übernahm er Ausbildungslehrgänge in seinem Bezirk, und er entsann sich gut, daß diese ehrenvolle Berufung in jene Zeit gefallen war, in der er einen unmäßigen Hang zu Süßigkeiten in sich entdeckte und sein Interesse an Abenteuern nachließ. Es hatte sich herausgestellt, daß es gut gewesen war, sich ein Pferd zu halten, sich dafür krummzulegen, denn nun konnte er an den Übungstagen schon früh in die Heide hinausreiten, Besprechungen mit den Unterführern abhalten, den Dienstplan durchgehen – und vor allem konnte er die Leute kennenlernen, wie er sie während des Dienstes kaum kennenlernte: alte Frontsoldaten und merkwürdig nüchterne und zugleich naive junge Leute, die sogar gelegentlich einen Widerspruch riskierten. Was ihn traurig stimmte, war eine gewisse Heimlichkeit, die es unmöglich machte, später an der Spitze der Truppe in die Stadt zurückzureiten – aber während des Dienstes war es fast wie früher: den Gefechtsdienst im Rahmen des Bataillons beherrschte er gut, und er fand keinen Anlaß, die neuen Vorschriften zu tadeln, die die Erfahrungen des Krieges gut ausgewertet hatten, ohne eine wirkliche Revolution hervorrufen zu wollen. Was er immer wieder besonders pflegte und für außerordentlich wichtig hielt: den Fußdienst, Grundstellung, Schwenkungen mit möglichster Korrektheit ausgeführt – und es waren Festtage, wenn er sich stark und sicher genug fühlte, etwas zu riskieren, was sogar im Frieden mit einer gut geübten Truppe riskant gewesen war: Bataillonsexerzieren.

Aber die Heimlichkeit war bald weggefallen, bald auch hatte es tägliche Übungen gegeben, und es war kaum ein großer Unterschied, als er eines Tages wieder richtiger Major, Kommandeur eines richtigen Bataillons war.

Er wußte erst nicht, ob er sich wirklich drehte oder ob dieses Drehen schon zu den Dingen gehörte, die er nicht mehr kontrollieren konnte, aber er drehte sich, und er wußte, daß er sich wirklich drehte, und es war betrüblich, zu erfahren, daß es noch nichts gab, was außerhalb seiner Kontrolle mit ihm geschah: er wurde gedreht. Sie hatten ihn aufgehoben und schwenkten ihn sorgfältig aus seinem Bett heraus auf eine Bahre, die davor stand. Zuerst fiel sein Kopf nach hinten, er starrte für einen Augenblick an die Decke, dann wurde ihm ein Polster untergeschoben, und sein Blick fiel genau auf das dritte Bild, das in seinem Zimmer hing. Dieses Bild hatte er noch nie gesehen, es hing nahe an der Tür, und zuerst war er froh, daß er dieses Bild ansehen konnte, denn sonst hätte er genau die beiden Ärzte ansehen müssen, zwischen denen das Bild jetzt hing.

Der Chef schien hinausgegangen zu sein. Der Stationsarzt sprach mit dem anderen jungen Arzt, den er noch nie gesehen hatte; er sah, daß der kleine dicke Stationsarzt dem anderen leise einiges aus seiner Krankengeschichte vorlas und ihm irgend etwas erklärte. Bressen konnte nicht verstehen, was sie sagten, nicht weil er nicht hören konnte; er empfand es als qualvoll, daß es ihm bisher nicht gelungen war, nichts zu hören – nein, sie waren einfach zu weit entfernt und flüsterten. Aus dem Flur hörte er alles: Rufen, Schreie von Verwundeten und das Brummen der Motoren draußen. Er sah den Rücken des Trägers, der vor ihm stand, und der, der hinter ihm stand, sagte jetzt: »Los – also los.«

»Das Gepäck«, sagte der vordere. »Herr Oberarzt«, rief er dem Stationsarzt zu, »es müßte jemand das Gepäck herausbringen.«

»Holen Sie ein paar Leute.«

Die beiden Träger gingen in den Flur.

Bressen blickte scharf, ohne den Kopf zu bewegen, auf das dritte Bild zwischen den beiden Arztköpfen hindurch: dieses Bild war unglaublich, er konnte sich nicht erklären, wie es hierherkam. Er wußte nicht, ob sie in einer Schule oder in einem Kloster waren, aber daß es in Rumänien Katholiken gab, hatte er noch nie gehört. In Deutschland gab es welche, er hatte davon gehört – aber in Rumänien! Da hing nun ein Bild der heiligen Maria. Es ärgerte ihn, daß er gezwungen war, dieses Bild anzusehen, aber er konnte es nicht ändern, er mußte sie anstarren, diese Frau im himmelblauen Mantel, deren Gesicht ihm befremdlich ernst vorkam; sie schwebte auf einer Erdkugel, blickte in den Himmel hinauf, der aus schneeweißen Wolken bestand, und um die Hände geschlungen hatte sie eine Schnur aus braunen Holzperlen. Er schüttelte leise den Kopf und dachte: ›Widerwärtig‹, und plötzlich sah er, daß die beiden Ärzte aufmerksam wurden. Sie blickten ihn an, dann das Bild, folgten dem Weg seines Blickes und kamen langsam auf ihn zu. Es war sehr schwer für ihn, zwischen diesen beiden Köpfen, den vier Augen, die in seine blickten, hindurch auf dieses ihm so widerwärtige Bild zu starren. Er konnte an nichts denken, was ihn abgelenkt hätte; er versuchte es, seine Gedanken zurückfallen zu lassen in diese Jahre, an die er eben hatte denken können, Jahre, in denen er spürte, daß die Dinge, die einmal seine Welt waren, langsam wieder eine Welt wurden: der Umgang mit Stabsoffizieren, Garnisonsklatsch, Adjutanten, Ordonnanzen. Es gelang ihm nicht, daran zu denken. Er war eingeklemmt in diese zwanzig Zentimeter, die zwischen den beiden Köpfen frei waren, und in diesen zwanzig Zentimetern hing das Bild – aber es war erleichternd, zu sehen, wie dieser Zwischenraum sich vergrößerte, weil sie näher auf ihn zukamen, auseinandergingen und neben ihm stehenblieben.

Er sah sie jetzt gar nicht mehr, nur am Rande seines Blickfeldes ihre weißen Kittel. Er hörte genau, was sie sagten.

»Sie glauben also nicht, daß es mit dieser Verwundung zusammenhängt?«

»Ausgeschlossen«, sagte der Stationsarzt; er schlug wieder die Krankengeschichte auf, Papier raschelte. »Ausgeschlossen. Eine geradezu lächerlich geringfügige Verletzung der Kopfschwarte. War in fünf Tagen abgeheilt. Nichts – gar nichts von den üblichen Anzeichen einer Erschütterung, nichts. Ich kann höchstens Schock annehmen – oder ...« Er schwieg plötzlich.

»Was meinen Sie?«

»Ich werde mich hüten.«

»Sagen Sie es.«

Es war peinlich, daß die beiden Ärzte schwiegen, sie schienen irgendwelche Zeichen zu wechseln – dann lachte plötzlich der fremde Arzt. Bressen hatte kein Wort gehört. Dann lachten beide Ärzte. Er war froh, daß die beiden Soldaten mit einem dritten hereinkamen, dieser dritte trug den Arm in der Schlinge.

»Feinhals«, sagte der Stationsarzt zu ihm, »tragen Sie die

Aktentasche an den Wagen. Das große Gepäck wird nachgebracht«, rief er den Trägern zu.

»Es ist Ihr Ernst?« fragte der fremde Arzt.

»Mein voller Ernst.«

Bressen spürte, daß er hochgehoben und fortgetragen wurde; das Marienbild rutschte links von ihm weg, die Wand kam näher, dann das Fensterkreuz draußen im Flur, wieder wurde er geschwenkt – er sah in den langen Flur hinein, schwenkte noch einmal und schloß die Augen: draußen schien die Sonne, sie blendete ihn. Er war froh, als sich die Tür des Sankras hinter ihm schloß.

3

Es gab sehr viele Feldwebel in der deutschen Armee – man hätte mit ihren Sternen den Himmel einer stupiden Unterwelt schmücken können –, viele Feldwebel auch, die Schneider hießen, und von diesen immerhin noch eine Menge, die den Vornamen Alois bekommen hatten, aber nur einer von diesen Feldwebeln, die Alois Schneider hießen, lag zu dieser Zeit in einem ungarischen Nest, das Szokarhely hieß; Szokarhely war ein kleiner geschlossener Ort, halb Dorf, halb Badeort. Es war im Sommer.

Schneiders Dienstraum war ein schmaler gelbtapezierter Raum; draußen an der Tür hing ein rosarotes Pappeschild mit schwarzer Tusche beschriftet: ›Entlassungen. Fw. Schneider‹. Der Schreibtisch stand so, daß Schneider mit dem Rücken zum Fenster saß, und wenn er nichts zu tun hatte, stand er auf, drehte sich herum, und er konnte auf die schmale staubige Landstraße sehen, die nach links ins Dorf und rechts zwischen Maisfeldern und Aprikosenbäumen in die Pußta führte. Schneider hatte fast nichts zu tun. Es waren nur noch Schwerverwundete im Lazarett; alle anderen, deren Transportfähigkeit nicht bezweifelt werden konnte, waren verladen und weggeschafft worden – und die anderen, die laufen konnten, entlassen, aufgepackt und zur Frontleitstelle gebracht worden. Schneider konnte stundenlang zum Fenster hinaussehen: draußen war es schwül und dunstig, und die beste Medizin gegen dieses Klima war gelblicher Aprikosenschnaps, mit Selterswasser gemischt. Der Schnaps hatte eine milde Schärfe, war billig, rein und gut, und es war schön, am Fenster zu sitzen, in den Himmel oder auf die Straße zu sehen und betrunken zu werden; die Trunkenheit kam sehr langsam, Schneider mußte bitter um sie kämpfen, es bedurfte – auch am Morgen – eines ziemlichen Quantums Aprikosenschnapses, um in einen Zustand zu kommen, in dem der Stumpfsinn erträglich wurde. Schneider hatte sein System: im ersten Glas nahm er nur einen Schuß Schnaps, im zweiten einen stärkeren, das dritte war 50:50, das vierte trank er pur, das fünfte wieder 50:50, das sechste war so stark wie das zweite und das siebente so schwach wie das erste. Er trank nur sieben Gläser – gegen halb elf war er mit dieser Zeremonie fertig und befand sich in einem Zustand, den er wütende Nüchternheit nannte, ein kaltes Feuer erfüllte ihn dann, und er war gewappnet, den Stumpfsinn des Tages auf sich zu nehmen. Gegen elf kamen gewöhnlich die ersten Entlassungen, meist ein Viertel nach elf, und er hatte fast noch eine Stunde Zeit, auf die Straße zu sehen, auf der selten einmal ein Fuhrwerk, von mageren Pferden gezogen, viel Staub aufwirbelnd, ins Dorf raste – oder er konnte Fliegen fangen, kunstvoll ausgedachte Dialoge mit imaginären Vorgesetzten führen – ironisch und knapp – oder vielleicht die Stempel auf seinem Schreibtisch sortieren, die Papiere geradelegen.

Um diese Zeit – gegen halb elf – stand Dr. Schmitz im Zimmer der beiden Patienten, die er morgens operiert hatte: links lag Leutnant Moll, einundzwanzig Jahre alt, er sah aus wie eine alte Frau, sein spitzes Gesicht schien in der Narkose zu grinsen, Schwärme von Fliegen tummelten sich auf den Verbänden um seine Hände, hockten schläfrig an dem blutigen Mull an seinem Kopf. Schmitz scheuchte sie weg – es war zwecklos, er schüttelte den Kopf und zog das weiße Laken weit über den Kopf des Schlafenden. Er fing an, sich den sauberen weißen Kittel überzustreifen, den er zur Visite anzog, knöpfte ihn langsam zu und blickte den anderen Patienten an, Hauptmann Bauer, der langsam aus der Narkose zu erwachen schien, dumpf murmelnd mit geschlossenen Augen; er versuchte vergebens, sich zu bewegen, er war festgeschnallt, und auch sein Kopf war hinten am Gestänge des Bettes mit Gurten festgebunden – nur seine Lippen bewegten sich, und für Augenblicke schien er die Lider aufschlagen zu wollen – immer wieder murmelnd. Schmitz steckte die Hände in die Taschen seines Kittels und wartete – es war dämmerig im Raum, die Luft war schlecht, es roch leicht nach Mist, und auch, wenn die Türen und die Fenster geschlossen waren, wimmelte es von Fliegen; früher waren in den Kellern darunter die Viehställe gewesen.

Das stoßartige unartikulierte Murmeln des Hauptmanns schien sich zu festigen, er öffnete jetzt in bestimmten Abständen den Mund und schien nur ein einziges Wort zu sagen, das Schmitz nicht verstand – ein merkwürdig faszinierendes Gemisch von E und O und Rachenlauten, dann schlug der Hauptmann plötzlich die Augen auf. »Bauer«, rief Schmitz, aber er wußte, daß es zwecklos war. Er trat näher und bewegte seine Hände heftig hin und her vor den Augen des Hauptmanns – es erfolgte kein Reflex. Schmitz hielt ihm die Hand ganz dicht vor die Augen, so dicht, daß er die Brauen des Hauptmanns auf seiner Handfläche spürte: nichts – der Hauptmann sagte nur regelmäßig sein unverständliches Wort. Er blickte nach innen, und niemand wußte, was innen war. Plötzlich sagte er das Wort sehr deutlich, scharf artikuliert, wie auswendig gelernt – dann noch einmal. Schmitz hielt sein Ohr ganz nahe an den Mund des Hauptmanns: »Bjeljogorsche«, sagte der Hauptmann. Schmitz lauschte gespannt, er kannte das Wort nicht und wußte nicht, was es bedeutete, aber er hörte es gern, es schien ihm schön, geheimnisvoll und schön. Draußen war es still – er hörte den Atem des Hauptmanns, sah ihm in die Augen und wartete fast atemlos immer wieder auf das Wort: »Bjeljogorsche«. Schmitz blickte auf seine Uhr, beobachtete den Sekundenzeiger – sehr langsam schien ihm dieser winzige Finger über das Zifferblatt zu kriechen – fünfzig Sekunden: »Bjeljogorsche«. Es erschien ihm unendlich lange, ehe wieder fünfzig Sekunden vergangen waren. Draußen fuhren Wagen in den Hof. Jemand rief etwas im Flur, Schmitz dachte daran, daß der Chef ihn hatte bitten lassen, an seiner Stelle die Visite zu führen, wieder fuhr ein Wagen draußen in den Hof. »Bjeljogorsche« sagte der Hauptmann; noch einmal wartete Schmitz – die Tür ging auf, ein Feldwebel erschien, Schmitz winkte ihm ungeduldig, zu schweigen, starrte auf den kleinen Zeiger und seufzte, als er auf die Dreißig sprang: »Bjeljogorsche« sagte der Hauptmann.

»Was ist los?« fragte Schmitz den Feldwebel.

»Die Visite, es wird Zeit«, sagte der Feldwebel.

»Ich komme«, sagte Schmitz. Er deckte die Uhr mit seinem Ärmel zu, als der Zeiger auf zwanzig stand und die Lippen des Hauptmanns sich eben geschlossen hatten – er starrte auf den Mund des Mannes, wartete und zog den Ärmel zurück, als die Lippen sich zu bewegen anfingen. »Bjeljogorsche« – der Zeiger stand genau auf zehn.

Schmitz ging langsam hinaus.

An diesem Tage kamen keine Entlassungen. Schneider wartete bis ein Viertel nach elf, ging dann hinaus, um sich Zigaretten zu holen. Im Flur blieb er an dem Fenster stehen. Draußen wurde der Wagen des Chefs gereinigt. ›Donnerstag‹, dachte Schneider. Donnerstags wurde immer der Wagen des Chefs gereinigt.

Die Gebäude bildeten ein Viereck, das nach hinten – zur Eisenbahn hin – offen war. Im nördlichen Flügel war die chirurgische Abteilung, in der Mitte die Verwaltung mit Röntgenzimmern, im südlichen Küche, Wohnräume für das Personal, und am äußersten Ende, in einer Flucht von sechs Räumen, wohnte der Direktor. Früher war in diesem Komplex eine landwirtschaftliche Schule gewesen. Hinten in dem großen Garten, der sich quer zur offenen Flanke schob, waren Duschräume, ein paar Ställe und Musteranlagen, präzise abgezirkelte Beete mit allerlei Pflanzen. Der Garten zog sich mit seinen Obstbäumen bis zur Eisenbahn hin, und manchmal sah man die Frau des Direktors dort mit ihrem Sohn reiten, einem sechsjährigen Bengel, der kreischend auf einem Pony hockte. Die Frau war jung und schön, und jedesmal, wenn sie mit ihrem Sohn dort hinten im Garten gespielt hatte, kam sie zur Verwaltung und beschwerte sich über den Blindgänger, der dort an der Jauchegrube lag und ihr lebensgefährlich erschien. Jedesmal wurde ihr versichert, es würde etwas getan, aber es wurde nichts getan.

Schneider blieb am Fenster stehen und sah dem Fahrer des Chefs zu, der seine Arbeit sehr sorgfältig machte; er hatte, obwohl er diesen Wagen schon seit zwei Jahren fuhr und säuberte, vorschriftsmäßig den Schmierplan auf einer Kiste ausgebreitet, hatte den Drillichanzug an, Eimer und Kannen standen um ihn herum. Der Wagen des Chefs war mit rotem Leder ausgepolstert und sehr flach. ›Donnerstag‹, dachte Schneider, ›schon wieder Donnerstag.‹ Im Kalender der Gewohnheiten war Donnerstag der Tag, an dem der Wagen des Chefs gereinigt wurde. Er begrüßte eine blonde Schwester, die eilig an ihm vorbeiging, machte die paar Schritte zur Kantinentür, aber die Tür war verschlossen. Draußen auf dem Hof fuhren zwei Lastwagen vor, sie parkten in Abständen zum Wagen des Chefs. Schneider blieb stehen und blickte hinaus: in diesem Augenblick fuhr das Mädchen mit dem Obst in den Hof. Sie lenkte selbst ihren kleinen Wagen, saß auf einer umgestülpten Kiste und fuhr nun vorsichtig zwischen den Wagen durch zur Küche hin.

Sie hieß Szarka, kam immer mittwochs aus einem der umliegenden Dörfer und brachte Obst und Gemüse. Es kamen jeden Tag Leute, die Obst und Gemüse brachten, der Zahlmeister hatte verschiedene Lieferanten, aber mittwochs kam nur Szarka. Schneider wußte es genau: schon oft hatte er mittwochs gegen halb zwölf seine Arbeit unterbrochen, sich ans Fenster gestellt und gewartet, bis die Staubwolke ihres kleinen Wagens am Rande der Allee, die zum Bahnhof führte, zu sehen war, und er hatte gewartet, bis sie näher kam, in der Staubwolke das Pferdchen sichtbar wurde, die Räder des Wagens und endlich das Mädchen mit seinem hübschen schmalen Gesicht und dem Lächeln um den Mund. Schneider zündete seine letzte Zigarette an und setzte sich auf die Fensterbank. ›Heute werde ich mit ihr sprechen‹, dachte er, und zugleich dachte er daran, daß er jeden Mittwoch dachte: heute werde ich mit ihr sprechen, und daß er es nie getan hatte. Aber heute würde er es bestimmt tun. Szarka hatte etwas, was er nur bei diesen Frauen hier gespürt hatte, bei diesen Pußtamädchen, die man in Filmen immer so blödsinnig heißblütig herumhüpfen sah: Szarka war kühl, kühl und von einer kaum spürbaren Zärtlichkeit; sie war zärtlich zu ihrem Pferd, zu den Früchten in ihren Körben: Aprikosen und Tomaten, Pflaumen und Birnen, Gurken und Paprika. Ihr bunter kleiner Wagen schlüpfte zwischen den schmutzigen Ölkannen und Kisten durch, hielt an der Küche, und sie klopfte mit der Peitsche ans Fenster. Um diese Zeit war es sonst still im Haus. Die Visite ging rund und verbreitete eine ängstliche Feierlichkeit, alles war aufgeräumt, und eine undefinierbare Spannung war in den Fluren. Aber heute herrschte ein nervöser Lärm, überall Türenknallen, Rufen. Schneider hörte es irgendwie am Rande seines Bewußtseins, er rauchte seine letzte Zigarette und sah zu, wie Szarka mit dem Küchenfeldwebel verhandelte. Sonst verhandelte sie immer mit dem Zahlmeister, der sie in den Hintern zu kneifen versuchte – aber Pratzki, der Küchenfeldwebel, war ein schmaler, etwas nervöser, sehr sachlicher Bursche, der ausgezeichnet kochen konnte und von dem es hieß, daß er sich aus Weibern nichts mache. Szarka sprach heftig auf ihn ein, gestikulierte, machte vor allem die Geste des Geldzählens, aber der Koch zuckte nur die Schultern und deutete auf das Hauptgebäude, genau dorthin, wo Schneider saß; das Mädchen wandte sich um und blickte Schneider fast ins Gesicht; er sprang von der Fensterbank und hörte, daß im Flur sein Name gerufen wurde. »Schneider, Schneider!« Dann war einen Augenblick Stille, und wieder rief jemand: »Feldwebel Schneider!« Schneider warf noch einen Blick hinaus: Szarka nahm ihr Pferdchen beim Zügel und lenkte es aufs Hauptgebäude zu; der Fahrer des Chefs stand in einer großen Pfütze und faltete seinen Schmierplan zusammen. Schneider ging langsam auf die Schreibstube zu, er dachte an manches, bevor er dort angekommen war: daß er mit dem Mädchen heute sprechen mußte, unbedingt, daß mittwochs der Wagen des Chefs nicht gereinigt werden konnte – und daß Szarka unmöglich donnerstags kommen konnte.

Die Visite begegnete ihm. Sie kam aus dem großen Saal, der jetzt fast leer war; weiße Kittel, ein paar Schwestern, der Stationsfeldwebel, die Sanitäter, ein stummer Zug, der nicht vom Chef geführt wurde, sondern von Schmitz, Sanitätsunteroffizier Dr. Schmitz, einem Mann, den man selten sprechen hörte. Schmitz war klein und dick und sah unbedeutend aus, aber seine Augen waren kühl und grau, und manchmal, wenn er eine Sekunde die Lider senkte, schien er etwas sagen zu wollen, aber er sagte nie etwas. Die Visite löste sich auf, als Schneider vor der Schreibstube angekommen war; er sah, daß Schmitz auf ihn zukam, hielt ihm die Tür auf und trat dann mit ihm zusammen ein.

Der Spieß hatte den Hörer am Ohr. Sein breites Gesicht zeigte Gereiztheit. Er sagte gerade: »Nein, Herr Oberfeldarzt«, dann hörte man den Chef im Hörer, der Spieß blickte Schneider und den Arzt an, bot dem Arzt mit einer Geste einen Stuhl an und lächelte, als er Schneider ansah, dann sagte er: »Jawohl, Herr Oberfeldarzt« und legte den Hörer auf.

»Was ist denn los?« fragte Schmitz. »Wir hauen also ab.« Er schlug die Zeitung auf, die vor ihm lag, klappte sie sofort wieder zu und sah dem Zeichner Feinhals über den Rükken, der neben ihm saß. Schmitz blickte den Spieß kühl an. Er hatte gesehen, daß Feinhals einen Plan des Ortes anlegte. ›Stützpunkt Szokarhely‹ stand darüber.

»Ja«, sagte der Spieß, »wir haben Befehl, Stellungswechsel vorzunehmen.« Er versuchte ruhig zu bleiben, aber eine widerwärtige Erregung war in seinen Augen, als er Schneider ansah. Auch zitterten seine Hände. Er warf einen Blick auf die feldgrauen Kisten, die an den Wänden standen und durch Aufklappen der Deckel in Schränke oder Schreibtische verwandelt werden konnten. Er bot Schneider immer noch keinen Stuhl an.

»Geben Sie mir eine Zigarette, Feinhals, bis gleich«, sagte Schneider. Feinhals stand auf, öffnete die blaue Schachtel und bot Schneider an. Auch Schmitz nahm eine. Schneider stand an die Wand gelehnt und rauchte.

»Ich weiß«, sagte er in die Stille hinein. »Ich werde beim Nachkommando sein. Früher war es Vorkommando.«

Der Spieß wurde rot. Im Nebenzimmer hörte man eine Schreibmaschine. Das Telefon klingelte, der Spieß nahm den Hörer ab, meldete sich und sagte: »Jawohl, Herr Oberfeldarzt – ich lasse sie zur Unterschrift rüberbringen.«

Er legte den Hörer auf. »Feinhals«, sagte er, »gehen Sie rüber und sehen Sie, ob der Tagesbefehl fertig ist.«

Schmitz und Schneider sahen sich an. Schmitz sah auf den Tisch und schlug die Zeitung wieder auf. ›Prozeß gegen Hochverräter hat begonnen‹, las er. Er schlug die Zeitung sofort wieder zu.

Feinhals kam mit dem Schreiber aus dem Nebenzimmer zurück. Der Schreiber war ein blasser, blonder Unteroffizier, der gelbe Finger vom Rauchen hatte.

»Otten«, rief Schneider ihm entgegen, »machst du die Kantine noch mal auf?«

»Einen Augenblick, bitte«, sagte der Spieß wütend, »ich habe jetzt Wichtigeres zu tun.« Er trommelte mit den Fingern auf dem Tisch herum, während der Schreiber die Papierpäckchen sortierte. Er legte die betippten Blätter aufs Gesicht und zog das Durchschlagpapier heraus. Es waren dreimal zwei Schreibmaschinenseiten und vier Durchschlagpapiere. Es schienen nur Namen auf den beschriebenen Blättern zu stehen. Schneider dachte an das Mädchen. Wahrscheinlich war sie jetzt beim Zahlmeister, um sich Geld zu holen. Er trat näher ans Fenster, um die Ausfahrt beobachten zu können.

»Denk daran«, sagte er zu Otten, »daß du uns Zigaretten hierläßt.«

»Ruhe«, schrie der Spieß.

Er gab die Päckchen Feinhals und sagte: »Zum Chef zur Unterschrift.« Feinhals heftete sie zusammen und ging hinaus.

Der Spieß wandte sich Schmitz und Schneider zu, aber Schneider blickte zum Fenster hinaus, es war fast Mittag, und die Straße war leer; gegenüber lag ein großes Feld, auf dem mittwochs Markt gehalten wurde: die schmutzigen Buden lagen einsam in der Sonne. ›Also doch Mittwoch‹, dachte er, wandte sich dem Spieß zu, der eine Durchschrift des Tagesbefehls in der Hand hielt. Feinhals war schon zurück, er stand an der Tür.

»… bleiben hier«, sagte der Spieß. »Feinhals hat die Lageskizze. Diesmal soll alles gefechtsmäßig gehen. Eine Formalität, Sie wissen, Schneider«, sagte er, »am besten, Sie trommeln gleich ein paar Leute zusammen und lassen die Waffen holen, in der Infektion. Die anderen Stationen sind informiert.«

»Waffen?« fragte Schneider, »auch eine Formalität?«

Der Spieß lief wieder rot an. Schmitz nahm aus Feinhals' Schachtel noch eine Zigarette. »Ich möchte die Liste der

Verwundeten sehen – führt der Chef das Vorkommando?«

»Ja«, sagte der Spieß, »er hat auch die Liste aufgestellt.« – »Ich möchte sie sehen«, sagte Schmitz.

Wieder lief der Spieß rot an. Dann griff er in die Schublade und reichte Schmitz die Liste. Schmitz las sie aufmerksam durch, er murmelte dabei alle Namen vor sich hin, es war still, alle schwiegen und blickten auf den Mann, der die Liste las. Draußen auf dem Flur herrschte Lärm. Alle zuckten zusammen, als Schmitz plötzlich laut sagte: »Leutnant Moll und Hauptmann Bauer, verflucht!« Er knallte die Liste auf den Tisch und blickte den Spieß an. »Jeder Medizinstudent weiß, daß ein Patient einundeinehalbe Stunde nach einer schweren Gehirnoperation nicht transportfähig ist.« Er nahm die Liste wieder vom Tisch und schlug mit den Fingern auf das Papier. »Ich kann ihnen genausogut eine Kugel durch den Kopf jagen wie sie in einen Sankra packen.« Er sah Schneider an, dann Feinhals, den Spieß und Otten. »Man wußte doch offenbar gestern schon, daß wir heute abhauen – warum ist die Operation nicht verschoben worden – wie?«

»Der Befehl ist erst heute morgen gekommen, vor einer Stunde«, sagte der Spieß.

»Der Befehl! Der Befehl!« sagte Schmitz; er warf die Liste auf den Tisch und sagte zu Schneider: »Kommen Sie, wir gehen.« Als sie draußen waren, sagte er: »Sie haben nicht hingehört eben – ich bin Führer des Nachkommandos –, wir sprechen noch darüber.« Er ging sehr schnell weg auf das Zimmer des Chefs zu, und Schneider schlenderte langsam auf sein Zimmer.

An jedem Fenster, an dem er vorbeikam, sah er hinaus, um sich zu vergewissern, daß Szarkas Wagen immer noch vor der Ausfahrt stand. Der Hof stand jetzt voller Lastwagen und Sankras, und mitten drin der Wagen des Chefs. Sie hatten schon mit dem Verladen begonnen, und Schneider bemerkte, daß an der Küche auch die Obstkörbe aufgeladen wurden, und der Fahrer des Chefs schleppte eine große graue, mit Blech beschlagene Kiste über den Hof. In den Fluren war Gedränge. In seinem Zimmer ging Schneider schnell zum Schrank, goß sich den Rest des Schnapses in ein Glas und ließ etwas Sprudel nachlaufen, und als er trank, hörte er, daß draußen der erste Motor anlief. Er ging mit dem Glas in der Hand in den Flur und stellte sich ans Fenster: er hatte gleich gehört, daß der erste Motor, der anlief, der vom Wagen des Chefs war; es war ein guter Motor, Schneider verstand nichts davon, aber er hörte, daß es ein guter Motor war. Dann kam der Chef über den Hof, er trug kein Gepäck, und seine Feldmütze saß etwas schief auf dem Kopf. Er sah fast wie sonst aus; nur sein Gesicht, das sonst vornehm aussah, blaß mit feinen rötlichen Schimmern, sein Gesicht war krebsrot. Der Chef war ein schöner Mann, groß und schlank, ein ausgezeichneter Reiter, der jeden Morgen um sechs auf sein Pferd stieg, die Peitsche in der Hand, und in die Pußta hineingaloppierte, gleichmäßig, immer mehr sich entfernend in diese Fläche, die nur Horizont zu sein schien. Aber jetzt war sein Gesicht krebsrot, und Schneider hatte das Gesicht des Chefs nur einmal krebsrot gesehen, damals, als Schmitz die Operation gelungen war, die der Chef nicht riskiert hatte. Schmitz ging jetzt neben dem Chef; Schmitz ging ganz ruhig, während der Chef aufgeregt mit den Händen um sich ruderte ... aber Schneider hatte jetzt das Mädchen gesehen, das im Flur auf ihn zukam. Sie schien verwirrt zu sein von dem Durcheinander und jemand zu suchen, der nicht an diesem Aufbruch beteiligt war. Sie sagte etwas auf ungarisch, das er nicht verstand, dann zeigte er auf sein Zimmer und winkte ihr, zu kommen. Draußen fuhr als erster Wagen der Wagen des Chefs an, und die Kolonne folgte ihm langsam ...

Offenbar glaubte das Mädchen, er sei der Vertreter des Zahlmeisters. Sie setzte sich nicht auf den Stuhl, den er ihr anbot, und als er sich auf die Kante des Schreibtischs setzte, blieb sie nahe vor ihm stehen und redete heftig gestikulierend auf ihn ein; er empfand es als wohltuend, daß er sie ansehen konnte, ohne ihr zuhören zu müssen, denn es war zwecklos, ihre Sprache verstehen zu wollen. Aber er ließ sie reden, um sie ansehen zu können: sie schien etwas mager zu sein, vielleicht war sie zu jung, sehr jung, viel jünger, als er geglaubt hatte – ihre Brust war klein, aber ihr kleines Gesicht war vollendet schön, und er wartete fast atemlos auf die Augenblicke, in denen ihre langen Wimpern auf den braunen Wangen lagen – sehr kurze Augenblicke, in denen auch ihr kleiner Mund geschlossen blieb, rund und rot, mit etwas zu schmalen Lippen. Er sah sie sehr genau an und gestand sich, etwas enttäuscht zu sein – aber sie war reizend, und er hob plötzlich abwehrend die Hände und schüttelte den Kopf. Sie war sofort still, sah ihn mißtrauisch an; er sagte leise: »Ich möchte dich küssen, verstehst du das?« Er wußte selbst nicht mehr, ob er es wirklich noch wollte, und es war ihm peinlich, zu sehen, wie sie rot wurde, wie diese dunkle Haut langsam anfing zu glühen, und er begriff, daß sie kein Wort verstanden hatte, aber wußte, was er meinte. Sie wich zurück, als er langsam näher kam, und er sah an ihren ängstlichen Augen und dem mageren Hals, in dem die Ader heftig pulste, daß sie drei Monate zu jung war. Er blieb stehen, schüttelte den Kopf und sagte leise: »Verzeih – vergiß es – verstehst du mich?« Aber ihr Blick wurde noch ängstlicher, und er fürchtete, daß sie schreien würde. Diesmal schien sie noch weniger zu verstehen – er ging seufzend nahe an sie heran, nahm ihre kleinen Hände, und als er sie zum Mund führte, sah er, daß sie schmutzig waren, sie rochen nach Erde und Leder, Lauch und Zwiebeln, und er küßte sie flüchtig und versuchte zu lächeln. Sie sah ihn noch verwirrter an, bis er ihr auf die Schulter tippte und sagte: »Komm, wir wollen sehen, daß du Geld kriegst.« Erst als er die Geste des Geldzählens kräftig vor ihren Augen vollführte, lächelte sie ein wenig und folgte ihm auf den Flur.

Auf dem Flur begegneten ihnen Schmitz und Otten.

»Wo wollen Sie hin?« fragte Schmitz.

»Zum Zahlmeister«, sagte Schneider, »das Mädchen will Geld haben.«

»Der Zahlmeister ist weg«, sagte Schmitz, »er ist gestern abend schon gefahren, nach Szolnok; er stößt von da zum Vorkommando.« Er senkte die Lider für einen Augenblick und sah dann die Männer an. Keiner sagte ein Wort. Das Mädchen sah von einem zum anderen. »Otten«, sagte Schmitz, »trommeln Sie das Nachkommando zusammen, ich brauche ein paar Leute zum Abladen, man hat vergessen, uns auch etwas Eßbares hierzulassen.« Er blickte auf den Hof: dort stand noch ein einziger Wagen.

»Und das Mädchen?« fragte Schneider.

Schmitz zuckte die Achseln: »Ich kann ihr kein Geld geben.«

»Soll sie morgen früh wiederkommen?«

Schmitz sah das Mädchen an. Sie lächelte ihm zu.

»Nein«, sagte er, »besser heute nachmittag.«

Otten rannte durch den Flur und schrie: »Nachkommando antreten!«

Schmitz ging auf den Hof und stellte sich neben den Wagen, und Schneider brachte das Mädchen an ihr Gefährt. Er versuchte, ihr zu erklären, daß sie nachmittags wiederkommen solle, aber sie schüttelte immer wieder heftig den Kopf, bis er begriff, daß sie ohne das Geld nicht abfahren würde. Er blieb bei ihr stehen, sah zu, wie sie auf den Wagen kletterte, ihre Kiste umstülpte und ein braunes Paket herausnahm. Dann hing sie dem Pferd den Futterbeutel vor und packte aus: ein Stück Brot, eine große flache Frikadelle und eine Stange Lauch. Wein hatte sie in einer dicken grünen Flasche. Sie lächelte ihm jetzt zu, und plötzlich, mitten im Kauen, sagte sie »Nagyvárad« und puffte ein paarmal mit der Faust vor sich hin, waagerecht von sich ab; dabei machte sie ein bedenkliches Gesicht. Schneider glaubte, sie schildere ihm einen Boxkampf, den jemand verloren hatte, oder vielleicht – so dachte er – wolle sie irgendwie dartun, daß sie sich betrogen fühlte. Er wußte nicht, was Nagyvárad hieß. Ungarisch war eine sehr schwere Sprache, es gab nicht einmal das Wort Tabak darin.

Das Mädchen schüttelte den Kopf. »Nagyvárad, Nagyvárad«, sagte sie ein paarmal hintereinander heftig und puffte wieder mit der Faust waagerecht von ihrer Brust weg. Sie schüttelte den Kopf und lachte, kaute dabei eifrig und trank hastig ihren Wein. »Oh«, machte sie, »Nagyvárad – russ«, wieder puffte sie, diesmal ausgiebig und weit ausholend: »russ – russ«; die deutete südöstlich und machte das Geräusch heranrollender Panzer nach: »bru-bru-bru ...«

Schneider nickte plötzlich, und sie lachte laut, brach aber mitten im Lachen ab und machte ein sehr ernstes Gesicht. Schneider begriff, daß Nagyvárad eine Stadt sein mußte, und die Geste des Puffens war nun sehr eindeutig. Er blickte zu der Kolonne hinüber, die beim Lastwagen stand und ablud. Schmitz stand vorn beim Fahrer und unterschrieb etwas. Schneider rief ihm zu: »Dr. Schmitz, wenn Sie Zeit haben, kommen Sie bitte einmal.« Schmitz nickte.

Das Mädchen war mit seiner Mahlzeit fertig. Es packte sorgfältig das Brot ein, den Rest Lauch und korkte die Flasche wieder zu.

»Wollen Sie Wasser für das Pferd?« fragte Schneider. Sie sah ihn fragend an.

»Wasser«, sagte er, »für das Pferd.« Er bückte sich ein wenig vor und versuchte nachzumachen, wie ein Pferd trinkt.

»Oh«, rief sie, »oh, jo.« Ihr Blick war seltsam, neugierig irgendwie, von einer neugierigen Zärtlichkeit.

Drüben setzte sich der Wagen in Bewegung, und Schmitz kam heran.

Sie sahen dem Wagen nach: draußen stand eine andere Kolonne, die darauf wartete, daß die Einfahrt frei würde.

»Was ist los?« fragte Schmitz.

»Sie spricht von einem Durchbruch bei einer Stadt, die mit Nagy anfängt.«

Schmitz nickte: »Großwardein«, sagte er, »ich weiß.«

»Sie wissen es?«

»Ich habe es diese Nacht im Funk gehört.«

»Ist es weit von hier?«

Schmitz sah nachdenklich den Wagen zu, die in langer Kolonne in den Hof fuhren. »Weit«, sagte er seufzend, »weit ist kein Begriff in diesem Krieg – es werden hundert Kilometer sein. Vielleicht geben wir dem Mädchen sein Geld in Zigaretten – jetzt gleich.«

Schneider sah Schmitz an und spürte, wie er rot wurde. »Noch einen Augenblick«, sagte er, »ich möchte, daß sie noch etwas hierbleibt.« – »Meinetwegen«, sagte Schmitz. Er ging langsam weg auf den Südflügel zu.

Als er in das Zimmer der beiden Kranken trat, sagte der Hauptmann leise und dumpf vor sich hin: »Bjeljogorsche.« Schmitz wußte, daß es sinnlos war, auf die Uhr zu sehen; dieser Rhythmus war genauer, als die Uhr je hätte sein können, und während er auf der Bettkante saß, die Krankengeschichte in der Hand, eingelullt fast von diesem stetig wiederkehrenden Wort, versuchte er, darüber nachzudenken, wie ein solcher Rhythmus entstehen konnte – welche Mechanik in diesem wüst zurechtgeflickten, zerschnittenen Schädel, welches Uhrwerk löste diese monotone Litanei aus? Und was geschah in den fünfzig Sekunden, in denen der Mann nichts sagte, nur atmete? Schmitz wußte fast nichts von ihm: geboren im März 1895 in Wuppertal, Dienstgrad: Hauptmann, Wehrmachtsteil: Heer, Zivilberuf: Kaufmann, Religion: evangelisch-lutherisch, Wohnung, Truppenteil, Verwundungen, Krankheiten, Art der Verletzung. Es gab auch nichts im Leben dieses Mannes, was irgendwie bemerkenswert gewesen wäre: er war kein guter Schüler gewesen, sehr mittelmäßig, etwas unzuverlässig; er war nur einmal sitzengeblieben und hatte auf dem Reifezeugnis in Geographie, Englisch und Turnen sogar gut gehabt. Er hatte den Krieg nicht geliebt; ohne es zu wollen, war er 1915 Leutnant geworden. Er trank gern, aber nicht unmäßig – und später, als er verheiratet war, hatte er es nie über sich gebracht, seine Frau zu betrügen, selbst wenn ein Abenteuer noch so einfach zu arrangieren und verlockend gewesen wäre. Er brachte es nicht über sich.

Schmitz wußte, daß alles, was in der Krankengeschichte stand, fast belanglos war, solange er nicht wußte, warum der Mann »Bjeljogorsche« sagte und was es für ihn bedeutete – und Schmitz wußte, daß er es nie wissen würde, und er hätte doch gern ewig dort sitzen und auf dieses Wort warten mögen.

Draußen war es sehr still – er lauschte gespannt und erregt auf die Stille, in die nur manchmal dieses Wort plumpste. Aber die Stille war stärker, erdrückend stark, und Schmitz stand langsam, fast widerstrebend auf und ging hinaus.

Als Schmitz weggegangen war, sah das Mädchen Schneider an und schien verlegen zu sein. Sie machte sehr schnell die Geste des Trinkens. »Ach«, sagte er, »das Wasser.« Er ging ins Haus, um Wasser zu holen. In der Einfahrt mußte er zurückspringen: ein sehr eleganter rötlicher Wagen fuhr leise, aber schneller, als es erlaubt war, an ihm vorbei und schwenkte, sorgsam gesteuert, an den parkenden Sankras vorbei nach hinten, wo die Wohnung des Direktors war.

Als Schneider mit dem Wassereimer zurückkam, mußte er wieder an die Seite springen. Es hupte heftig auf dem Hof, die Kolonne setzte sich in Bewegung. Im ersten Wagen saß der Spieß, und die anderen folgten ihm langsam. Der Spieß sah Schneider nicht an. Schneider ließ die lange Reihe der Wagen an sich vorbei und ging in den Hof: dort war es drückend leer und still. Er setzte dem Pferd den Eimer vor und sah das Mädchen an; die deutete auf Schmitz, der aus dem Südflügel kam. Schmitz ging an ihnen vorbei durch die Einfahrt, und sie folgten ihm langsam. Sie blieben alle drei dort stehen und sahen der Kolonne nach, die sich in Richtung Bahnhof entfernte. »Die zwei Mann, die von der Infektion gekommen sind, haben tatsächlich Waffen mitgebracht«, sagte Schmitz leise.

»Ach«, rief Schneider, »ich hatte es vergessen.«

Schmitz schüttelte den Kopf. »Wir werden sie nicht brauchen, im Gegenteil, kommen Sie, wir gehen.« Er blieb bei dem Mädchen stehen: »Ich glaube, wir geben ihr jetzt die Zigaretten, wie? – Wer weiß?«

Schneider nickte. »Haben sie uns keinen Wagen hiergelassen? Wie sollen wir denn weg?«

»Es soll ein Wagen zurückkommen«, sagte Schmitz, »der Chef hat es mir versprochen.«

Die beiden Männer sahen sich an.

»Hinten kommen Flüchtlinge«, sagte Schmitz, er deutete zum Dorf hin, von wo ein müder Treck näher kam. Die Leute zogen langsam an ihnen vorbei und sahen sie nicht an. Sie waren müde und traurig und sahen die Soldaten und das Mädchen nicht an.

»Sie kommen von weither«, sagte Schmitz, »sehen Sie, wie müde die Pferde sind. Es ist sinnlos, zu fliehen; in diesem Tempo werden sie dem Krieg nicht entgehen.« Es tutete sehr heftig hinter ihnen, sehr hell und nervös, ein freches Tuten. Sie gingen langsam auseinander, Schneider zu dem Mädchen hin. Der Wagen des Direktors schob sich hinaus; er mußte stoppen, weil er fast in einen Flüchtlingswagen hineingefahren wäre. Sie konnten die Insassen genau sehen, sie saßen vor ihnen wie im Film, vorn in der ersten Reihe, wenn man die Leinwand quälend nahe vor Augen hat. Vorn am Steuer saß der Direktor, sein scharfes, etwas schwaches Profil bewegte sich nicht; neben ihm auf dem Sitz türmten sich Koffer und Decken, sie waren mit Stricken so befestigt, daß sie während der Fahrt nicht über ihn stürzen konnten. Hinter ihm saß die Frau, ihr schönes Profil war so bewegungslos wie seins; sie schienen beide entschlossen, nicht rechts und links zu sehen. Sie hielt ihr Baby auf dem Schoß, und den sechsjährigen Jungen hatte sie neben sich sitzen; er war der einzige, der hinaussah;

sein lebhaftes Gesicht war an die Scheibe gedrückt, und er lächelte den Soldaten zu. Es dauerte zwei Minuten, ehe der Wagen weiter konnte – die Pferde der Treckleute waren müde, und vorn irgendwo stockte der Zug. Sie sahen, daß der Mann am Steuer nervös wurde; er schwitzte, und seine Augen blinzelten, und die Frau flüsterte ihm von hinten etwas zu. Es war fast ganz still, nur die müden Rufe der Leute aus dem Treck waren zu hören und das Weinen eines Kindes, aber plötzlich hörten sie hinten aus dem Hof Geschrei, ein heiseres Gebrüll, und sie blickten zurück; in diesem Augenblick schon krachte ein Stein gegen den Wagen, aber er klatschte nur gegen das zusammengepackte Zelt; der zweite schlug eine Beule in den Kochtopf, der oben aufgeschnallt war wie zu einer Weekendpartie. Der Mann, der sich brüllend und laufend näherte, war der Hausmeister, der hinten in zwei Nebenräumen der Duschanstalt wohnte. Er war jetzt ganz nahe, stand schon in der Einfahrt, hatte aber keinen Stein mehr, er bückte sich fluchend, aber da löste sich die Stauung des Trecks, der Wagen setzte sich hochmütig tutend in Bewegung. Ein Blumentopf sauste durch die Luft, fiel aber nur dorthin, wo der Wagen eine Sekunde vorher gestanden hatte, auf dieses saubere Pflaster aus kleinen blauen Steinen. Der Tontopf zerbrach, seine kleinen Scherben rollten auseinander, bildeten einen merkwürdig symmetrischen Kranz um die Erde, die erst ihre Form zu halten schien, aber dann plötzlich auseinanderbröckelte und die Wurzeln einer Geranie freigab, deren Blüten rot und unschuldig in der Mitte stehenblieben.

Der Hausmeister stand zwischen den Soldaten. Er fluchte nicht mehr, er weinte jetzt, in seinem schmutzigen Gesicht waren die Tränen deutlich zu sehen, und seine Haltung war rührend und erschreckend zugleich: vornübergebeugt, die Hände verkrampft, seine dreckige alte Jacke schlotterte um seine ausgehöhlte Brust. Er zuckte zusammen, als hinten im Hofe eine Frauenstimme schrie, wandte sich um und ging weinend langsam zurück. Szarka folgte ihm; sie wich aus, als Schneider die Hände nach ihr ausstreckte. Sie nahm ihr Pferd, führte es hinaus, setzte sich auf und nahm die Zügel in die Hand.

»Ich hole die Zigaretten«, rief Schmitz, »halten Sie sie fest – einen Augenblick.« Schneider hielt das Pferd am Zügel fest, das Mädchen schlug mit der Peitsche nach seiner Hand, es schmerzte ihn, aber er ließ nicht locker. Er blickte zurück und wunderte sich, daß Schmitz lief. Er hätte nie gedacht, daß Schmitz einmal laufen würde. Das Mädchen hob die Peitsche wieder, aber sie ließ sie nicht fallen, sondern legte sie neben sich auf den Bock, und Schneider war erstaunt, daß sie plötzlich lächelte; es war das Lächeln, das er oft an ihr gesehen hatte, zärtlich und kühl, und er ging nahe an den Bock und zog sie vorsichtig von ihrer Kiste herunter. Sie rief dem Pferd irgend etwas zu, und als er sie umarmte, sah Schneider, daß sie immer noch etwas ängstlich war, aber sie sträubte sich nicht, blickte nur unruhig um sich. In der Einfahrt war es dunkel, Schneider küßte sie vorsichtig auf die Wangen, auf die Nase und schob ihre schwarzen glatten Haare zurück, um sie in den Nacken zu küssen. Er erschrak, als er Schmitz hörte, der herangekommen war und die Zigaretten in den Wagen warf. Das Mädchen schnellte hoch, sah auf die roten Schachteln. Schmitz sah Schneider nicht an, er wandte sich sofort ab und ging in den Hof zurück. Das Mädchen war rot geworden, blickte Schneider an, aber genau an seinen Augen vorbei, und sehr plötzlich rief sie dem Pferd ein hartes kleines Wort zu und zog die Zügel an. Schneider gab den Weg frei. Er wartete, bis sie fünfzig Schritte weg war, dann rief er laut ihren Namen in die Stille – sie stockte, wandte sich nicht um, hob nur einmal die Peitsche grüßend über ihren Kopf und fuhr weiter. Schneider ging langsam in den Hof zurück.

Die sieben Mann vom Nachkommando saßen dort, wo die Küche gewesen war, auf dem Hof und aßen; sie hatten Suppe auf dem Tisch stehen und dicke Scheiben Brot mit Fleisch daneben. Schneider hörte dumpfe Schläge aus dem

Innern des Hauses, als er näher kam. Er sah die anderen fragend an.

»Der Hausmeister schlägt die Tür zur Wohnung des Direktors ein«, sagte Feinhals; einen Augenblick später sagte er: »Er hätte die Tür wenigstens auflassen sollen; zwecklos, daß sie zerstört wird.«

Schmitz ging mit vier Soldaten ins Haus, um alles zusammenzusuchen, was noch für den Abtransport bereitgestellt werden mußte. Schneider blieb mit Feinhals und Otten zurück.

»Ich habe einen schönen Auftrag«, sagte Otten.

Feinhals trank roten Schnaps aus einem Feldbecher; er reichte Schneider ein paar Schachteln Zigaretten zu. »Danke«, sagte Schneider. »Ich habe den Auftrag«, sagte Otten, »das MG und die MPi und den anderen Krempel in die Jauchegrube zu versenken, dort, wo der Blindgänger liegt. Sie helfen mir, Feinhals.«

»Ja«, sagte Feinhals. Er zeichnete langsam mit seinem Suppenlöffel Figuren auf den Tisch, aus einer Suppenpfütze, die breit und braun aus der Mitte des Tisches an den Rand lief. »Gehen wir«, sagte Otten.

Schneider war kurz darauf eingeschlafen, über seinen Kochgeschirrdeckel gebeugt. Seine Zigarette brannte weiter. Sie lag auf dem Tischrand; die dünne Asche fraß sich langsam aus der Zigarette heraus, die Glut kroch weiter, brannte eine schmale schwarze Spur in den Tisch bis zum Ende der Zigarette, und vier Minuten später lag nur ein dünner grauer Stab Asche da, festgeklebt auf dem Tisch. Dieser kleine graue Stab lag lange da, fast eine Stunde, bis Schneider erwachte und ihn mit seinem Arm wegwischte, ohne ihn je gesehen zu haben. Er wurde wach, als der Lastwagen in den Hof fuhr. Fast gleichzeitig mit dem Geräusch des hereinfahrenden Wagens hörten sie die ersten Panzer. Schneider sprang auf – die anderen, die rauchend umherstanden, wollten lachen, aber sie kamen nicht mehr dazu: dieses ferne Brummen war sehr eindeutig.

»Nanu«, sagte Schmitz, »der Wagen ist tatsächlich gekommen. Feinhals, gehen Sie aufs Dach, ob Sie etwas sehen können.«

Feinhals ging zum Südflügel. Der Hausmeister lag im Fenster der Direktorswohnung und sah ihnen zu. Drinnen hörten sie seine Frau hantieren, es klirrte leise, sie schien Gläser zu zählen.

»Laden wir den Krempel auf«, sagte Schmitz. Der Fahrer winkte ab. Er sah sehr müde aus. »Scheiße«, sagte er, »steigt ein und laßt den Mist liegen.« Er nahm eine Schachtel vom Tisch, riß sie auf und steckte sich eine Zigarette an.

»Aufladen«, sagte Schmitz, »wir müssen doch warten, bis Feinhals zurück ist.«

Der Fahrer zuckte die Schultern, setzte sich an den Tisch und löffelte aus dem Kübel Suppe in Schneiders Kochgeschirr.

Die anderen luden alles auf, was sie im Haus noch gefunden hatten, ein paar Betten, die Feldkiste eines Offiziers, dessen Name deutlich mit schwarzem Lack daraufgemalt war: Oblt. Dr. Greck, einen Ofen und einen Stapel Gepäckstücke von Landsern, Tornister, Packtaschen und ein paar Gewehre; dann einen Stapel Wäsche: zusammengebündelte Hemden, Unterhosen, Socken und pelzgefütterte Westen.

Feinhals rief oben vom Dach herunter: »Ich kann nichts sehen. Eine Pappelreihe im Dorf versperrt die Aussicht. Hört ihr sie? Ich höre sie gut.«

»Ja«, rief Schmitz, »wir hören sie. Kommen Sie runter.«

»Ja«, sagte Feinhals. Sein Kopf verschwand aus der Dachluke.

»Einer müßte zum Bahndamm gehen«, sagte Schmitz, »von da aus sieht man sie bestimmt.«

»Zwecklos«, sagte der Fahrer, »man kann sie noch nicht sehen.«

»Wieso?«

»Ich höre es. Ich höre, daß man sie noch nicht sehen

kann. Außerdem kommen sie aus zwei Richtungen.« Er deutete nach Südwesten, und seine Geste schien das Brummen auch dort heraufbeschworen zu haben: tatsächlich hörten sie es jetzt.

»Verflucht«, sagte Schmitz, »was machen wir?«

»Abfahren«, sagte der Fahrer. Er trat beiseite und sah kopfschüttelnd zu, wie die anderen jetzt als letztes auch den Tisch aufluden und die Bank, auf der er gesessen hatte.

Feinhals kam aus dem Haus. »Einer der Patienten schreit«, sagte er.

»Ich gehe zu ihm«, sagte Schmitz, »fahrt ihr ab.«

Sie blieben zögernd stehen. Dann folgten sie ihm langsam, außer dem Fahrer. Schmitz wandte sich um und sagte ruhig: »Fahrt doch ab, ich muß ja doch hierbleiben, bei den Kranken.« Sie blieben wieder zögernd stehen und folgten ihm nach einer halben Sekunde wieder.

»Verflucht«, rief Schmitz zurück, »ihr sollt abfahren. Ihr müßt einen Vorsprung haben in dieser verfluchten Ebene.«

Diesmal blieben sie stehen und folgten ihm nicht. Nur Schneider ging langsam hinter ihm her, als er im Haus verschwunden war. Die anderen gingen langsam zum Wagen. Feinhals blieb einen Augenblick stehen. Er zögerte nur kurz, trat dann ins Haus und traf auf Schneider.

»Brauchen Sie noch etwas?« fragte er. »Wir haben ja alles aufgeladen.«

»Laden Sie etwas Brot ab, auch Fett – und Zigaretten.« Die Tür zum Krankenzimmer öffnete sich. Feinhals sah hinein und rief: »Mein Gott, der Hauptmann.«

»Kennen Sie ihn?« fragte Schmitz.

»Ja«, sagte Feinhals, »ich war einen halben Tag in seinem Bataillon.«

»Wo?«

»Ich weiß nicht, wie der Ort hieß.«

»Nun aber weg mit euch«, rief Schmitz, »macht keinen Unsinn.«

Feinhals sagte: »Auf Wiedersehen« und ging hinaus.

»Warum sind Sie hiergeblieben?« fragte Schmitz, aber er schien keine Antwort zu erwarten, und Schneider antwortete ihm nicht. Sie lauschten beide dem Geräusch des abfahrenden Wagens, das Motorengeräusch wurde etwas dumpfer, als er durch die Einfahrt fuhr, dann war er draußen auf der Straße zum Bahnhof – auch hinter dem Bahnhof hörten sie es noch, bis es langsam sehr leise wurde.

Das Brummen der Panzer hatte aufgehört. Man hörte Schießen.

»Schwere Flak«, sagte Schmitz, »wir müssen einmal zum Bahndamm gehen.«

»Ich werde hingehen«, sagte Schneider. Drinnen im Zimmer sagte der Hauptmann: »Bjeljogorsche.« Er sagte es fast ohne Betonung, doch mit einer gewissen Freude. Er war dunkel, hatte einen dichten schwarzen Bart, sein Kopf war fest umwickelt. Schneider sah Schmitz an. »Hoffnungslos«, sagte er, »wenn er gesund wird, alles übersteht, dann …« Er zuckte die Schultern.

»Bjeljogorsche«, sagte der Hauptmann. Dann weinte er. Er weinte ganz lautlos, ohne daß sich sein Gesicht irgendwie veränderte, aber auch zwischen den Tränen sagte er: »Bjeljogorsche.«

»Es läuft ein Kriegsgerichtsverfahren gegen ihn«, sagte Schmitz. »Er ist vom Motorrad gestürzt und hatte keinen Stahlhelm auf. Er war Hauptmann.«

»Ich gehe mal nachsehen«, sagte Schneider, »am Bahndamm, vielleicht sieht man was. Wenn noch Truppen zurückkommen, schließe ich mich ihnen an … also …«

Schmitz nickte.

»Bjeljogorsche«, sagte der Hauptmann.

Als Schneider auf den Hof kam, sah er, daß der Hausmeister drüben in der Direktorswohnung eine Fahne gehißt hatte, einen kümmerlichen roten Lappen, auf den ungeschickt ausgeschnitten eine gelbe Sichel und ein weißer Hammer aufgenäht waren. Er hörte, daß auch im Südosten das Brummen wieder deutlich wurde. Schießen war nicht zu hören. Er ging langsam an den Beeten vorbei und stockte erst, als er an die Jauchegrube kam. An der Jauchegrube lag der Blindgänger. Er lag schon ein paar Monate da. Vor ein paar Monaten hatten SS-Einheiten von der Bahn aus ungarische Aufständische bekämpft, die in der Schule lagen, aber es war nur ein sehr kurzes Gefecht gewesen: man sah die Spuren der Beschießung kaum noch an der Hausfront. Nur der Blindgänger war liegengeblieben, er war rostig, ein armlanges, rundspitz zulaufendes Stück Eisen, das man kaum bemerkte. Er sah fast wie ein Stück faulenden Holzes aus. Zwischen den hohen Gräsern sah man ihn kaum, aber die Frau des Direktors hatte zahlreiche Proteste gegen seine Existenz eingelegt, es waren Berichte gemacht worden, die nie eine Antwort erhielten.

Schneider ging etwas langsamer, als er an dem Blindgänger vorbei mußte. Er sah im Gras die Fußstapfen von Otten und Feinhals, die das MG in die Jauchegrube geworfen hatten, aber die Oberfläche der Jauchegrube war wieder glatt, ein grünes, fettes Glatt. Schneider ging weiter an den Beeten vorbei, durch die Baumschule, über die Wiese und kletterte den Bahndamm hinauf. Diese einundeinhalb Meter schienen ihn unendlich weit hinausgehoben zu haben. Er sah am Dorf vorbei, in die weite Ebene links vom Schienenstrang und sah nichts. Aber er hörte es deutlicher. Er lauschte, ob irgendwo noch geschossen wurde. Aber nichts. Das Brummen kam genau aus der Richtung, in der die Schienen liefen. Schneider setzte sich und wartete. Das Dorf war ganz still, es lag wie tot da mit seinen Bäumen, kleinen Häusern und dem viereckigen Kirchturm. Es sah sehr klein aus, weil links vom Bahndamm kein einziges Haus stand. Schneider setzte sich und fing an zu rauchen.

Drinnen saß Schmitz neben dem Mann, der »Bjeljogorsche« sagte. Immer wieder. Seine Tränen waren versiegt. Der Mann starrte mit seinen dunklen Augen vor sich hin und sagte »Bjeljogorsche«, wie eine Melodie, die Schmitz schön erschien. Jedenfalls hätte er dieses Wort unendlich oft hören können. Der andere Patient schlief.

Der Mann, der dauernd Bjeljogorsche sagte, hieß Bauer, Hauptmann Bauer, war früher einmal Textilvertreter gewesen, ganz früher Student, aber bevor er Student wurde, war er Leutnant gewesen, fast vier Jahre lang, und später, als Textilvertreter, hatte er es nicht leicht gehabt. Es hing alles davon ab, ob die Leute Geld hatten, und die Leute hatten fast nie Geld. Wenigstens nicht die Leute, die seine Pullover hätten kaufen können. Teure Pullover wurden immer gekauft, auch billige, aber die, die er verkaufen mußte, diese mittlere Sorte, die wurde immer nur sehr wenig gekauft ... Eine Vertretung von billigen Pullovern hatte er nicht kriegen können, auch keine von teuren – das waren gute Vertretungen, und gute Vertretungen bekamen die Leute, die es nicht nötig hatten. Er war fünfzehn Jahre lang Vertreter für diese schwer verkäuflichen Pullover gewesen; die ersten zwölf Jahre war es ein widerwärtiger, ständiger, schrecklicher Kampf, das Rennen von Laden zu Laden, von Haus zu Haus – ein zermürbendes Leben. Seine Frau war alt darüber geworden. Als er sie kennenlernte, war sie dreiundzwanzig, er sechsundzwanzig – er war noch Student, er trank gern, und sie war eine sehr schlanke Blondine, die keinen Wein vertragen konnte. Aber sie hatte nie mit ihm geschimpft, eine stille Frau, die auch nichts sagte, als er das Studium drangab, um Pullover zu verkaufen. Oft hatte er sich selbst gewundert, wie zäh er doch war: zwölf Jahre diese Pullover zu verkaufen! Und wie seine Frau alles hinnahm. Dann war es drei Jahre etwas besser gegangen, und plötzlich, nach fünfzehn Jahren, war alles anders gekommen: er bekam die Vertretung für die teuren Pullover, die billigen und behielt die für die mittleren. Es war ein glänzendes Geschäft geworden, und jetzt liefen andere für ihn. Er war immer zu Hause, telefonierte, unterschrieb, hatte einen Lagerverwalter, eine Buchhalterin, eine Stenotypistin. Er hatte jetzt Geld, aber seine Frau – die immer kränklich gewesen war, fünf Fehlgeburten hintereinander hatte sie gehabt –, seine Frau hatte jetzt Krebs. Das stand endgültig fest. Und außerdem hatte dieser Glanz nur vier Monate gedauert – bis der Krieg kam.

»Bjeljogorsche«, sagte der Hauptmann.

Schmitz sah ihn an: er hätte gern gewußt, was der Mann dachte. Eine unbezähmbare Neugierde war in ihm, den Mann ganz kennenzulernen, dieses dicke und etwas eingefallene Gesicht, das unter den Stoppeln totenblaß war, diese starren Augen, die zu sagen schienen: ›Bjeljogorsche‹ – denn der Mund bewegte sich kaum noch. Dann weinte der Mann wieder, seine Tränen liefen lautlos die Backen herab. Er war kein Held gewesen, es war bitter für ihn gewesen, als der Oberstleutnant am Telefon schrie, er solle sich um seinen Haufen kümmern, bei Roßapfel stimme etwas nicht, und als er nach vorn fahren mußte, mit diesem Stahlhelm auf dem Kopf, von dem er wußte, daß er ihn lächerlich machte. Er war kein Held, hatte es auch nie behauptet, wußte sogar, daß er keiner war. Und als er der vorderen Linie nahe gewesen war, hatte er den Stahlhelm abgenommen, weil er nicht lächerlich aussehen wollte, wenn er vorn ankam und brüllen mußte. Er hielt den Stahlhelm in der Hand und dachte: ›Laß es darauf ankommen, stürze dich rein‹, und er hatte keine Angst mehr, je näher er diesem blöden Durcheinander da vorn kam. Verflucht, sie wußten doch alle, daß er nichts mehr machen konnte, keiner etwas machen konnte, weil sie zuwenig Artillerie und keine Panzer hatten. Warum denn dieses blöde Schreien? Jeder Offizier wußte, daß zuviel Panzer und zuviel Artillerie zur Dekkung der Stabsquartiere kommandiert waren. ›Scheiße‹, dachte er – und er wußte nicht, daß er mutig war. Und dann stürzte er, und es riß ihm den ganzen Schädel auf, und alles, was in ihm war, war das Wort ›Bjeljogorsche‹. Das war alles. Es schien ausreichend, ihn für sein ganzes übriges Leben am Sprechen zu halten, es war eine Welt für ihn, die niemand kannte und die niemand je kennen würde.

Er wußte natürlich nicht, daß ein Kriegsgerichtsverfahren gegen ihn lief wegen Selbstverstümmelung, weil er im Gefecht und dazu auf einem Krad den Stahlhelm abgenommen hatte. Er wußte es nicht – und er würde es nie wissen. Das Papier, das seinen Namen und ein Aktenzeichen trug, allerlei Gutachten, dieses Papier war umsonst angelegt – er würde es nie erfahren, es erreichte ihn nicht mehr. Er sagte nur alle fünfzig Sekunden: »Bjeljogorsche.«

Schmitz sah ihn unentwegt an. Er hätte selbst irr sein mögen, um zu wissen, was im Gehirn dieses Mannes vorging. Und zugleich beneidete er ihn.

Er erschrak, als Schneider die Tür öffnete. »Was ist?« fragte Schmitz. »Sie kommen«, sagte Schneider. »Sie sind schon da. Es sind keine Truppen von uns mehr durchgekommen.«

Schmitz hatte nichts gehört, jetzt hörte er sie, sie waren da. Links waren sie schon im Ort. Er begriff jetzt, daß der Fahrer eben gesagt hatte: »Ich höre, daß man sie noch nicht sieht.« Man hörte jetzt, daß man sie sehen konnte – sie waren deutlich zu sehen.

»Die Fahne«, sagte Schmitz, »wir hätten die Fahne mit dem roten Kreuz heraushängen sollen – wenigstens versuchen.«

»Das können wir noch.«

»Hier ist sie«, sagte Schmitz. Er zog sie unter seinem Koffer heraus, der auf dem Tisch lag. Schneider nahm sie.

»Kommen Sie«, sagte er.

Sie gingen. Schneider steckte den Kopf zum Fenster hinaus und zog ihn sofort wieder zurück. Er war bleich.

»Da stehen sie«, sagte er, »am Bahndamm.«

»Ich gehe ihnen entgegen«, sagte Schmitz.

Schneider schüttelte den Kopf. Er hob die Fahne hoch über den Kopf und ging zur Tür hinaus. Er schwenkte rechts herum und ging starr auf den Bahndamm zu. Es war ganz still, auch die Panzer standen still, sie standen am Ausgang des Ortes. Die Schule war das letzte Gebäude vor dem

Bahnhof. Dorthin hielten sie ihre Rohre gerichtet, aber Schneider sah sie nicht. Er sah die Panzer überhaupt nicht, er sah nichts. Er kam sich lächerlich vor, die Fahne so vor dem Bauch haltend wie bei einem Aufmarsch, und er spürte, daß sein Blut Angst war. Es war nur Angst. Er ging starr geradeaus, langsam, fast wie eine Puppe, die Fahne vor dem Bauch haltend. Er ging langsam, bis er stolperte. Er wurde wach. Er war über einen Draht gestolpert, der in einer Musterpflanzung von Reben die Stöcke miteinander verband. Jetzt sah er alles. Es waren zwei Panzer, sie standen hinter dem Bahndamm, und der vorderste drehte jetzt langsam seinen Turm auf ihn zu. Dann, als er an den Bäumen vorbei war, sah er, daß es mehrere waren. Sie standen hintereinander und nebeneinander ins Feld gestaffelt, und die roten Sterne darauf kamen ihm widerwärtig und sehr fremd vor. Er hatte sie noch nie gesehen. Dann kam die Jauchegrube. Jetzt nur noch an den Beeten vorbei, durch die Baumschule, über die Wiese, den Bahndamm hinauf – aber an der Jauchegrube stockte er; er hatte plötzlich wieder Angst, sie war schlimmer als eben. Eben hatte er es nicht gewußt; er hatte gedacht, sein Blut habe sich in Eis verwandelt, und nicht gewußt, daß es Angst war – jetzt war sein Blut wie Feuer, und er sah nur rot – er sah nichts mehr – riesige rote Sterne, die ihm Schrecken einflößten. Da trat er auf den Blindgänger, und der Blindgänger explodierte.

Erst geschah nichts. Die Explosion war ungeheuerlich laut in dieser Stille. Die Russen wußten nur, daß das Geschoß nicht von ihnen war und daß der Mann mit der Fahne plötzlich in einer Staubwolke verschwunden war. Kurz darauf knallten sie wie irrsinnig auf das Haus. Sie schwenkten alle ihre Rohre, staffelten sich neu zum Schießen, schossen erst in den Südflügel, dann ins Mittelgebäude und in den Nordflügel, wo die winzige Fahne des Hausmeisters schlaff aus dem Fenster hing. Sie fiel in den Dreck, der vom Haus herunterbröckelte – und zuletzt schossen sie wieder in den Südflügel, besonders lange und wütend; sie hatten lange nicht geschossen, und sie sägten die dünne Wand des Hauses durch, bis das Gebäude vornüberkippte. Erst später merkten sie, daß von der anderen Seite kein einziger Schuß fiel.

4

Nur zwei große Farbflecke waren noch da: ein grüner, der große Stapel eines Gurkenhändlers, und ein rötlichgelber: Aprikosen. Mitten auf dem Markt stand die Schiffsschaukel. Sie stand immer da. Ihre Farben waren verblaßt, stumpf und dreckig dieses Blau und Rot wie die Farben eines guten alten Schiffes, das im Hafen liegt und geduldig auf die Verschrottung wartet. Die Schaukeln hingen steif nach unten, keine einzige bewegte sich, und aus dem Wohnwagen, der neben der Schaukel stand, qualmte es.

Die Farbflecke lösten sich langsam auf; dieses dunkel- und hellgrün ineinander verschlungene Mosaik des Gurkenhändlers wurde schnell kleiner; Greck sah von weitem, daß zwei Menschen daran arbeiteten, es aufzulösen. Bei den Aprikosen ging es langsamer, sehr langsam: es war eine Frau, einzig allein eine Frau, die die Früchte einzeln anfaßte und vorsichtig in die Körbe legte. Gurken waren wohl nicht so empfindlich wie Aprikosen. Greck ging langsamer. Leugnen, dachte er, freiweg und ganz stur leugnen. Das ist das einzige, was man tun kann, wenn es herauskommt. Das einzige. Das Leben war schon ein Leugnen wert. Aber es kam nicht heraus, er wußte es. Er war nur sehr erstaunt, wieviel Juden es hier noch gab.

Das Pflaster zwischen den niedrigen Bäumen und den kleinen Häusern war holprig, aber er spürte es nicht. Er war sehr erregt, und er hatte das Gefühl: je schneller ich von da wegkomme, um so weiter entferne ich mich von der Möglichkeit, aufzufallen, und wahrscheinlich werde ich nichts zu leugnen haben. Nur schneller. Er ging wieder schneller, noch schneller. Er stand jetzt schon ganz nahe am Marktplatz: der Wagen mit den Gurken kam schon an ihm vorbei, und da hinten war immer noch diese umsichtige Frau, die sorgfältig ihre Aprikosen verpackte. Ihr Stapel war noch nicht um die Hälfte kleiner geworden.

Greck sah die Schiffsschaukel. Er war noch nie im Leben Schiffsschaukel gefahren. Diese Vergnügungen waren ihm nicht vergönnt gewesen; sie waren verboten in seiner Familie, weil er erstens krank war und weil es zweitens sich nicht gehörte, so öffentlich blöde wie ein Affe in der Luft herumzuschaukeln. Und er hatte nie etwas Verbotenes getan – heute zum ersten Mal, und gleich etwas so Schreckliches, fast das Schlimmste, etwas, was sofort das Leben kostete. Greck spürte, daß die Erregung ihm im Halse saß, und er wankte schnell und doch taumelnd in der Sonne über den leeren Platz auf die Schiffsschaukel zu. Aus dem Wohnwagen qualmte es heftiger. ›Sie scheinen neu aufgelegt zu haben, Kohlen‹, dachte er, ›nein, Holz.‹ Er wußte es nicht, was sie in Ungarn auf die Öfen tun. Es war ihm auch gleichgültig. Er klopfte an die Wohnwagentür: ein Mann mit nacktem Oberkörper erschien, er war blond, unrasiert und breitknochig, sein Gesicht hatte fast etwas Holländisches; nur die Nase war auffallend schmal, und er hatte sehr dunkle Augen. »Was ist?« fragte er auf deutsch. Greck spürte, wie der Schweiß ihm in den Mund lief; er leckte mit der Zunge, wischte sich mit der flachen Hand übers Gesicht und sagte: »Schaukeln, ich möchte schaukeln.« Der Mann in der Wagentür kniff die Augen zusammen, dann nickte er. Er fletschte mit der Zunge im Mund herum; hinter ihm erschien seine Frau, sie war im Unterrock, der Schweiß lief ihr übers Gesicht, und die dunkelroten Träger waren fleckig vom Schweiß. Sie hielt in einer Hand einen hölzernen Kochlöffel, auf dem anderen Arm ein Kind. Das Kind war schmutzig. Die Frau war ganz dunkel, düster kam sie Greck vor. Die Leute hatten etwas Drohendes, zweifellos. Vielleicht war er ihnen verdächtig. Greck hatte keine Lust mehr, zu schaukeln, aber der Mann, dessen Zunge sich jetzt endlich beruhigte, sagte: »Meinetwegen – bei der Hitze – mittags.« Er kam die Stufen herunter, Greck trat beiseite und folgte ihm die wenigen Schritte zur Schaukel. »Was kostet es?« fragte er hilflos. Sie werden mich für verrückt halten, dachte er. Der Schweiß machte ihn irrsinnig. Er wischte mit dem Ärmel übers Gesicht und stieg die hölzernen Stufen zum Gerüst empor. Der Mann löste eine Bremse, eine Schaukel in der Mitte wippte leise hin und her. »Ich denke«, sagte der Mann, »Sie wollen nicht zu hoch, sonst muß ich hierbleiben und aufpassen. Es ist Vorschrift.« Sein Deutsch war Greck widerwärtig. Es war seltsam weich und schnodderig zugleich, so, als spräche er eine ganz fremde Sprache mit deutschen Worten aus. »Nicht hoch«, sagte er, »gehen Sie ..., was kostet es?« Der Mann zuckte die Schultern. »Geben Sie mir 'n Pengö«, sagte er. Greck gab ihm seinen letzten Pengö und stieg vorsichtig ein. Das kleine Schiff war breiter, als er gedacht hatte. Er fühlte sich sicher und fing an, die Technik auszuführen, die er schon so oft beobachten, aber nie hatte ausführen können. Er hielt sich an den Stangen fest, löste die Finger wieder, um den Schweiß abzuwischen, und knickte dann seine Knie nach vorn hin ein, zog sie wieder ein, knickte sie ein, und er war erstaunt, daß das Schiff sich bewegte. Es war sehr einfach, man mußte nur den Rhythmus der Fahrt, den die Schaukel angab, nicht stören durch dieses Kniebeugen, sondern ihn heben: wenn die Schaukel nach vorn wippte, sich nach hinten werfen, die Knie durchgedrückt, und wenn sie nach hinten ausschlug, sich nach vorn fallen lassen. Es war sehr einfach und schön. Greck sah, daß der Mann neben ihm stehenblieb, und schrie ihm zu: »Was ist los? Gehen Sie ruhig.« Der Mann schüttelte den Kopf, und Greck kümmerte sich nicht mehr um ihn. Er wußte plötzlich, daß er etwas Wesentliches in seinem Leben versäumt hatte: Schiffsschaukel fahren. Das war ja herrlich. Der Schweiß trocknete auf seiner Stirn, und die sanfte Kühle der Fahrt trocknete auch den Schweiß an seinem Körper, frisch und bezaubernd fuhr es bei jeder Bewegung durch ihn hin, und außerdem: die Welt war verändert. Einmal bestand sie nur aus ein paar schmutzigen Brettern mit breiten Rillen dazwischen, und beim Rückflug hatte er den ganzen Himmel für sich. »Vorsicht!« rief der Mann unten, »festhalten.« Greck spürte, wie der Mann bremste; ein sanfter Ruck, der seine Fahrt gewaltig unterband. »Lassen Sie mich doch«, schrie er. Aber der Mann schüttelte den Kopf. Greck schaukelte sich schnell wieder hoch. Das war das Herrliche: parallel zur Erde zu stehen, wenn die Schaukel hinten ausschwang – diese dreckigen Bretter zu sehen, die die Welt bedeuteten – und nachher, vorn ausholend, in den Himmel hineinzutrampeln und ihn über sich zu sehen, als läge er auf einer Wiese, ihm so aber näher zu sein, unendlich viel näher. Was dazwischen lag, war belanglos. Links von ihm packte die Frau sorgfältig ihre Aprikosen ein; ihr Stapel schien nie abzunehmen. Rechts stand dieser dicke blonde Kerl, der Vorschriften hatte, ihn zu bremsen; ein paar Hühner wackelten durch sein Gesichtsfeld, hinten war eine Straße. Die Mütze flog ihm vom Kopf.

›Leugnen‹, dachte er, als er ruhiger fuhr, ›nur leugnen; sie werden es nicht glauben, wenn ich leugne. So was tue ich nicht. Niemand wird von mir annehmen, daß ich so etwas tue. Ich habe einen guten Ruf. Ich weiß, daß sie mich nicht für voll nehmen, weil ich ein chronisches Magenleiden habe, aber sie haben mich gern auf ihre Art, und so etwas glaubt keiner von mir.‹ Er war zugleich stolz und ängstlich, und er fand es herrlich, daß er den Mut gehabt hatte, auf diese Schiffsschaukel zu gehen. Er würde seiner Mutter darüber schreiben. Nein, besser nicht. Mutti hatte kein Verständnis dafür. In allen Lebenslagen Haltung! – war ihre Parole. Sie würde kein Verständnis dafür haben, daß ihr Sohn, Oberleutnant Dr. Greck, mittags in der größten Hitze auf einem schmutzigen ungarischen Marktplatz Schiffsschaukel gefahren war, so auffällig, daß einfach jeder, jeder, der vorbeikam, es sehen mußte. Nein, nein – er sah, wie sie den Kopf schüttelte, eine humorlose Frau, er wußte es, und er konnte nichts gegen sie tun. Und das andere: um Gottes willen! Obwohl er es nicht wollte, mußte er daran denken, wie er sich im Hinterzimmer dieses jüdischen Schneiders ausgezogen hatte: eine muffige Bude, in der Flicklappen herumlagen, angefangene Anzüge, Steifleinen aufgenäht, und eine widerwärtig große Schüssel Gurkensalat, in der ertrinkende Fliegen herumschwammen – er spürte, wie Wasser ihm in den Mund schoß, und wußte, daß er blaß wurde, widerliches Wasser, das er im Mund hatte – aber er sah sich selbst noch, wie er seine Hose auszog, seine zweite sichtbar wurde, wie er Geld bekam, und das Grinsen des zahnlosen alten Mannes, als er hastig den Laden verließ. Alles drehte sich plötzlich um ihn. »Halten«, brüllte er, »halten!« Der Mann unten bremste heftig, er spürte es, diese harten rhythmischen Rucke. Dann stand das Schiff, er wußte, daß er lächerlich und jämmerlich aussah, stieg vorsichtig aus, ging hinter das Gerüst und spuckte aus: sein Magen hatte sich beruhigt, aber dieser widerliche Geschmack war immer noch in seinem Munde. Ihm war schwindelig, er setzte sich auf eine Stufe und schloß die Augen, der Rhythmus der Fahrt war noch in seinen Augen, er spürte, wie die Augäpfel zuckten, wieder mußte er spucken. Langsam nur beruhigte sich der Schwung seiner Augäpfel. Er stand auf und nahm seine Mütze vom Boden. Der Mann stand neben ihm; er blickte ihn kühl an, dann kam seine Frau, Greck war erstaunt, wie klein sie war. Ein winziges, pechschwarzes Ding mit ausgemergeltem Gesicht. Sie hatte einen Becher in der Hand. Der blonde Kerl nahm ihr den Becher aus der Hand und reichte ihn Greck: »Trinken Sie«, sagte er kühl. Greck schüttelte den Kopf. »Trinken Sie«, sagte der Mann, »es wird Ihnen guttun.« Greck nahm den Becher, das Zeug schmeckte sehr bitter, war aber wohltuend. Die Leute lächelten, sie lächelten mechanisch, weil sie bei diesem Anblick zu lächeln gewohnt waren, nicht, weil sie ihn liebten oder Mitleid mit ihm empfanden. Er stand auf. »Vielen Dank«, sagte er. Er suchte in der Tasche nach Geld, fand nichts mehr, nur diesen schrecklichen großen Schein und zuckte hilflos die Schultern. Er fühlte, wie er rot wurde. »Schon gut«, sagte der Mann, »ist schon gut.« – »Heil Hitler«, sagte Greck. Der Mann nickte nur.

Greck wandte sich nicht mehr um. Der Schweiß begann wieder zu fließen. Er schien aus seinen Poren zu kochen. Dem Marktplatz gegenüber war eine Kneipe. Er hatte das Bedürfnis, sich zu waschen.

Drinnen in der Gaststube war es merkwürdig kühl und muffig zugleich. Sie war fast leer. Greck beobachtete, daß der Mann, der hinter der Theke stand, zuerst auf seine Orden sah. Die Augen des Mannes blieben kühl, nicht unfreundlich, aber kühl. In der Ecke links saß ein Pärchen mit schmutzigen Tellern vor sich auf dem Tisch und einer Karaffe Wein, auch eine Bierflasche stand da. Greck setzte sich rechts in die Ecke, so daß er die Straße übersehen konnte. Er spürte Erleichterung. Seine Uhr zeigte eins, und er hatte bis sechs Ausgang. Der Mann kam hinter der Theke hervor und langsam auf ihn zu. Greck überlegte, was er trinken solle. Er hatte eigentlich auf nichts Lust. Nur sich waschen. Aus Alkohol machte er sich nichts, außerdem bekam er ihm nicht. Nicht umsonst hatte seine Mutter ihn davor gewarnt, ebenso wie vor dem Schiffsschaukelfahren. Wieder sah der Kerl, der jetzt vor ihm stand, zuerst auf seine linke Brustseite.

»Tag«, sagte der Mann, »Sie wünschen?«

»Kaffee«, sagte Greck, »haben Sie Kaffee?« Der Mann nickte. Dieses Nicken sagte alles, es sagte, daß der Blick auf die linke Brustseite und das Wort Kaffee alles sagten. »Und einen Schnaps«, sagte Greck. Aber es schien zu spät zu sein.

»Welchen?« fragte der Mann.

»Aprikosen«, sagte Greck.

Der Mann ging. Er war dick. Die Hose über seinem Hintern warf dicke Wülste, und er hatte Pantoffeln an. ›Typische österreichische Schlamperei‹, dachte Greck. Er sah zum Liebespaar hinüber. Schwärme von Fliegen hockten über den schmutzigen Tellern mit Speiseresten, Kotelettknochen, Gemüsehäufchen und welkem Salat in Tonschüsseln. ›Widerlich‹, dachte Greck.

Ein Landser kam herein, blickte ängstlich rund, grüßte zu Greck hinüber und ging an die Theke. Der Landser hatte überhaupt keine Orden. Und doch war im Blick des Wirtes ein Wohlwollen, über das Greck sich ärgerte. ›Vielleicht‹, dachte er, ›erwartet man von mir als Offizier, daß ich mehr Orden habe, schöne, goldene, silberne – diese Kindsköpfe von Ungarn. Vielleicht sehe ich so aus, als ob ich Orden tragen müßte: ich bin groß und schlank, blond. Verflucht‹, dachte er, ›welch eine widerwärtige Angelegenheit.‹ Er sah hinaus.

Die Frau mit den Aprikosen war jetzt bald fertig, und plötzlich wußte er, worauf er wirklich Lust hatte: auf Obst. Oh, es würde ihm guttun. Mutter hatte ihm immer viel Obst gegeben in der Zeit, da es billig war, und es hatte ihm sehr gut getan. Hier war das Obst billig, und er hatte Geld, und er wollte viel Obst essen. Er stockte, als er an das Geld dachte; seine Gedanken stockten. Der Schweiß brach wieder heftiger aus. Es würde nichts geschehen, und wenn etwas geschah: Leugnen, leugnen, rücksichtslos leugnen. Niemand würde irgendeinem dreckigen Juden recht geben, der behauptete, er, Greck, habe seine Hose bei ihm verkauft. Niemand würde es glauben, wenn er es ableugnete, und selbst, wenn man die Hose als seine identifizierte, er konnte sagen, sie sei gestohlen worden oder irgend etwas. Aber so viel Mühe würde man sich nicht machen. Andererseits: warum sollte es gerade bei ihm herauskommen? Diese Angelegenheit hatte ihm mit einem Schlag die Augen geöffnet: alle verkauften irgend etwas, verflucht. Alle. Er wußte jetzt, wo der Sprit blieb, der den Panzern fehlte, wo die Winterbekleidung geblieben war – und er, er hatte immerhin seine eigene Hose verkauft, die von Schneidermeister Grunk angefertigt gewesen war, auf seine Kosten, bei Grunk in Coelsde.

Woher sollten alle diese Pengös kommen? Niemand konnte von seiner Löhnung solche Sprünge machen wie dieser freche kleine Leutnant, der in seiner Stube lag, der nachmittags Kremtörtchen aß, abends richtigen Whisky trank, zu Weibern ging und sich durchaus nicht mit irgendwelchen Zigaretten zufrieden gab, sondern eine ganz bestimmte Marke rauchte, die inzwischen teuer geworden war.

›Verflucht‹, dachte er, ›ich bin sehr dumm gewesen, immer dumm. Ewig anständig und korrekt, und die anderen, die anderen haben immer gut gelebt. Verflucht.‹

Der Wirt brachte Kaffee und Schnaps. »Etwas essen?« fragte er.

»Danke«, sagte Greck.

Der Kaffee roch fremd. Er versuchte ihn: er war mild, eine merkwürdige Milde. Irgendein sympathischer Ersatz. Der Schnaps war scharf und brennend, tat ihm aber wohl. Er trank ihn langsam, tropfenweise. Das war es: er mußte Alkohol wie Medizin nehmen, das war es.

Der Aprikosenflecken draußen auf dem Markt war weg. Greck sprang auf und lief zur Tür. »Moment«, rief er dem Wirt zu.

Die Alte kam mit ihrem Karren langsam über den Platz gefahren, sie war jetzt in Höhe der Schiffsschaukel und ließ das Pferd in einem gemütlichen Trab gehen. Greck hielt sie an, als sie auf die Straße hinausbog. Sie zog die Zügel an. Er sah ihr ins Gesicht: eine breite, ältere Frau mit hübschen Zügen, braungebrannt und fest war ihr Gesicht. Greck ging an den Wagen heran. »Obst«, sagte er, »geben Sie mir bitte Aprikosen.« Sie sah ihn lächelnd an. Ihr Lächeln war irgendwie kalt. Dann warf sie einen Blick auf ihre Körbe und fragte: »Tasche?« Greck schüttelte den Kopf. Ihre Stimme war warm und tief. Er sah zu, wie sie um den Bock herum auf den Wagen kletterte; die Beine hatten eine überraschende Festigkeit. Es fiel ihm auf. Greck lief das Wasser im Munde zusammen, als er die Früchte sah: sie waren herrlich. Er dachte an zu Hause. ›Aprikosen‹, dachte er, ›wenn Mutti Aprikosen bekommen könnte!‹ Und hier, hier wurden sie vom Markt wieder weggefahren. Auch Gurken. Er nahm eine Frucht vom Wagen und aß: sie war herb, zugleich süß, schon etwas zu weich und warm, aber sie schmeckte ihm. »Fein«, sagte er. Die Frau lächelte ihm wieder zu. Sie fertigte aus losen Papierstücken geschickt eine Art Sack an und legte sehr vorsichtig Früchte hinein. Ihr Blick war ihm seltsam. »Genug?« fragte sie. Er nickte. Sie nahm die Enden des Papiers zusammen und drehte sie ineinander und reichte ihm das Paket. Er zog seinen Schein aus der Tasche. »Hier«, sagte er. Ihre Augen wurden groß, und sie sagte: »Oh, oh«, dann schüttelte sie den Kopf. Aber sie nahm den Schein, und einen Augenblick hielt sie seine Hand fest, sie umfaßte sie vorn am Gelenk, obwohl es nicht nötig gewesen wäre, vorn am Puls, nur einen winzigen Augenblick, nahm den Schein, steckte ihn zwischen die Lippen und kramte ihre Geldtasche unter dem Rock heraus. »Nein«, rief Greck leise, »nein, nein, tun Sie den Schein weg.« Er blickte sich ängstlich um. Dieser große, rote Schein mußte jedem auffallen. Die Straße war belebt, sogar eine Bahn fuhr vorbei. »Weg«, rief er, »tun Sie ihn weg.« Er riß ihn ihr aus dem Mund. Sie biß sich auf die Lippen. Er wußte nicht, ob es Wut ober Belustigung war.

Er pflügte wütend eine zweite Aprikose auf, grub die Zähne hinein und wartete. Der Schweiß stand ihm in dikken Tropfen auf der Stirn. Er hatte seine Not, die Aprikosen in der losen Tüte zusammenzuhalten. Es schien ihm, als mache die Alte bewußt langsam – er dachte schon daran, wegzulaufen, aber sie würde wahrscheinlich ein irrsinniges Geschrei anstellen, die Leute würden zusammenlaufen. Die Ungarn waren Verbündete, keine Feinde. Er seufzte und wartete. Drüben kam ein Landser aus der Kneipe; es war ein anderer als der, der eben hereingekommen war. Dieser hatte Orden auf der Brust: drei – und außerdem ein Schild auf dem Ärmel. Er grüßte Greck, und Greck nickte ihm zu. Wieder fuhr die Straßenbahn vorbei, auf der anderen Seite jetzt, Menschen gingen vorüber, sehr viele Menschen, und hinter ihm, hinter diesem löcherigen Bretterzaun, fing die Orgel der Schiffsschaukel leise an zu leiern. Die Alte glättete einen Schein nach dem anderen, bis ihre Tasche keinen Schein mehr zu enthalten schien. Dann kamen die Münzen. Sie machte geduldig kleine Nickelberge vorn auf dem Bock. Dann nahm sie ihm vorsichtig den Schein aus der Hand und reichte ihm erst die Scheine, dann die Nickelpäckchen. »Achtundneunzig«, sagte sie. Er wollte gehen, aber sie legte plötzlich ihre Hand auf seinen Unterarm: ihre Hand war breit und warm und ganz trocken, und ihr Gesicht näherte sich ihm. »Mädchen?« fragte sie flüsternd und lächelte ihn an. »Schöne Mädchen, wie?« – »Nein, nein«, sagte er hastig, »wirklich nicht.« Sie griff flink unter ihren Rock, zog einen Zettel heraus und steckte ihn ihm schnell zu. »Da«, sagte sie. »Da.« Er steckte den Zettel zu den Scheinen, sie gab dem Pferd die Zügel, und er überquerte vorsichtig mit seinem losen Paket die Straße.

Der Tisch, vor dem das Liebespaar saß, war immer noch nicht abgeräumt. Er begriff diese Menschen nicht; die Fliegen saßen zu ganzen Horden da auf den Tellern, den Rändern der Gläser, und dieser junge Mann flüsterte mit wilden Gesten auf das Mädchen ein. Der Wirt kam auf Greck zu. Greck legte das Obst auf seinen Tisch. Der Wirt kam näher. »Kann ich mich waschen?« fragte Greck. Der Wirt sah ihn groß an. »Waschen«, sagte Greck gereizt. »Verflucht, waschen.« Er rieb wütend die Hände aneinander. Der Wirt nickte plötzlich, drehte sich um und winkte Greck, zu folgen. Greck folgte ihm, ließ sich den dunklen grünen Vorhang aufhalten – der Blick des Wirtes kam ihm verändert vor. Er schien etwas zu fragen. Sie gingen durch einen kurzen schmalen Flur, und der Wirt öffnete eine Tür. »Bitte«, sagte er. Greck trat ein. Die Sauberkeit der Toilette überraschte ihn. Die Becken waren säuberlich einzementiert, die Türen weiß gestrichen. Am Wasserbecken hing ein Handtuch. Der Wirt brachte ein grünes Stück Wehrmachtsseife. »Bitte«, sagte er wieder. Greck war verwirrt. Der Wirt ging wieder hinaus. Greck roch am Handtuch, es schien sauber zu sein. Dann zog er schnell seine Jacke aus, wusch sich gründlich Hals, Nacken und Gesicht und spülte seine Arme ab. Er zögerte einen Augenblick, dann zog er die Jacke wieder an und wusch sich langsam die Hände. Der Landser von vorhin kam herein, der ohne Orden. Greck trat beiseite, damit der Landser zum Pinkelbecken konnte. Er knöpfte seinen Rock zu, nahm die Seife und ging. An der Theke drinnen gab er dem Wirt die Seife, sagte »Danke« und setzte sich wieder.

Das Gesicht des Wirtes sah hart aus. Greck wunderte sich, wo der Landser blieb. Das Pärchen in der Ecke war weg. Der Tisch stand immer noch gedeckt, ein schmutziges Durcheinander. Greck trank den kalten Kaffee aus und nippte am Schnaps. Dann fing er an, Obst zu essen. Er spürte eine tolle Gier auf dieses saftige, fleischige Zeug und aß sechs Aprikosen schnell hintereinander – und plötzlich fühlte er Ekel: die Früchte waren zu warm. Er nippte noch einmal am Schnapsglas, auch der Schnaps war warm. Der Wirt stand hinter der Theke, rauchte und döste. Dann kam wieder ein Landser in die Kneipe. Der Wirt schien ihn zu kennen, die beiden flüsterten miteinander. Der Landser trank Bier, er hatte einen Orden, das Kriegsverdienstkreuz. Der Landser, der eben auf dem Klo gewesen war, kam jetzt heraus, zahlte an der Theke und ging. An der Tür grüßte er. Greck erwiderte den Gruß, und dann ging der Landser, der zuletzt gekommen war, auf das Klo. Draußen orgelte die Schiffsschaukel. Ihr wildes und doch langsames Leiern erfüllte Greck mit Melancholie. Er würde diese Fahrt nie vergessen.

Schade, daß ihm schlecht geworden war. Draußen schien der Verkehr lebhafter geworden zu sein: gegenüber war eine Eisdiele, vor der sich die Leute stauten. Der Zigarettenladen daneben war leer. Der grüne schmutzige Vorhang in der Ecke wurde beiseitegeschoben, und ein Mädchen kam heraus. Der Wirt blickte sofort zu Greck hinüber. Auch das Mädchen sah ihn an. Er sah sie nur undeutlich, ihr Kleid schien rot zu sein, in diesem dicken, grünlichen Licht sah es farblos aus, deutlich sah er nur ihr sehr weißes geschminktes Gesicht mit dem grell aufgezeichneten Mund. Der Ausdruck ihres Gesichts war nicht zu erkennen, ihm schien, als lächle sie ein wenig, aber vielleicht täuschte er sich; sie war kaum zu erkennen. Sie hielt einen Geldschein in der Hand, sie hielt ihn ganz gerade, wie ein Kind, wie sie eine Blume oder einen Stock gehalten hätte. Der Wirt gab ihr eine Flasche Wein und Zigaretten, ohne den Blick von Greck zu wenden. Das Mädchen sah er gar nicht an, die beiden wechselten kein Wort. Greck zog den Geldknäuel aus der Tasche und suchte den Zettel, den die Alte ihm gegeben hatte. Er legte ihn auf den Tisch und steckte das Geld wieder ein. Er spürte den Blick des Wirtes deutlich und sah auf, aber jetzt war es ganz klar: das Mädchen lächelte ihn an, sie stand da mit der grünen Flasche in der Hand, ein paar lose Zigaretten zwischen den Fingern, weiße Stäbchen, die gut zu ihrem Gesicht paßten. In dieser Dunkelheit waren für ihn jetzt nur noch ihr grellweißes Gesicht, der dunkle Mund und die quälend weißen Zigaretten in der Hand. Sie lächelte sehr kurz, bevor sie den Vorhang auseinanderschob und hinausging. Der Wirt starrte Greck jetzt unverwandt an. Sein Gesicht war hart und hatte etwas Drohendes. Greck hatte Angst vor ihm. ›Mörder sehen so aus‹, dachte er, und er wäre froh gewesen, wenn er schnell hätte weggehen können. Draußen orgelte die Schiffsschaukel, und die Straßenbahn kreischte vorbei, und eine sehr fremde, ernste Trauer erfüllte ihn. Die widerlichen, weichen, warmen Früchte lagen vor ihm auf dem Tisch, und an seiner Tasse klebten Fliegen. Er scheuchte sie nicht weg. Er stand ganz plötzlich auf und rief: »Zahlen, bitte.« Er rief es laut, um sich Mut zu machen. Der Wirt kam schnell herbei. Greck nahm Geld aus der Tasche. Er sah, wie die Fliegen sich jetzt langsam auf den Früchten sammelten, schwarze klebrige Punkte, auf diesem widerlichen Rosa, ihm wurde fast schlecht, als er daran dachte, daß er sie gegessen hatte. »Drei Pengö«, sagte der Wirt. Greck gab sie ihm. Der Wirt blickte auf das Schnapsglas, das noch halb gefüllt war, dann auf Grecks Brust, auf den Zettel, der auf dem Tisch lag, und nahm ihn, obwohl Greck im gleichen Augenblick danach griff. Der Wirt grinste, sein großes, dickes, blasses Gesicht sah widerlich aus. Der Wirt las die Adresse, die auf dem Zettel stand: es war seine eigene. Er grinste noch häßlicher. Greck brach wieder der Schweiß aus.

»Brauchen Sie den Zettel noch?« fragte der Wirt.

»Nein«, sagte Greck, dann sagte er: »Auf Wiedersehen«, und ihm fiel ein, daß er ›Heil Hitler‹ sagen mußte, und er sagte in der Tür »Heil Hitler!« Der Wirt antwortete ihm nicht. Greck sah, als er sich umwandte, daß der Wirt den Rest des Schnapses auf die Erde goß, mit einer heftigen Bewegung. Die Früchte leuchteten warm und rosa wie rosafarbene Wunden eines dunklen Körpers …

Greck war froh, daß er auf der Straße war, und ging schnell weiter. Er schämte sich, früher ins Lazarett zurückzugehen, als der Urlaub beendet war. Der freche, kleine Leutnant würde über ihn lachen. Aber am liebsten wäre er jetzt zurückgegangen und hätte sich aufs Bett gelegt. Er hatte Lust, etwas Kräftiges zu essen, aber wenn er ans Essen dachte, fielen ihm die Früchte ein, widerlich rosa, und seine Übelkeit steigerte sich. Er dachte an die Frau, bei der er mittags gewesen war, gleich vom Lazarett aus. Ihre mechanischen Küsse auf seinen Hals schmerzten ihn plötzlich, und er wußte, warum ihm die Früchte so ekelhaft geworden waren: sie hatten die gleiche Farbe wie ihre Wäsche, sie hatte ein wenig geschwitzt, und ihr Körper war warm gewesen. Es war blöde, mittags in dieser Hitze zu einer Frau zu gehen. Aber er folgte damit dem Rat seines Vaters, der ihm gesagt hatte, er müsse sehen, mindestens einmal im Monat zu einer Frau zu gehen. Diese Frau war nicht übel gewesen, eine feste, kleine Person, die abends wahrscheinlich reizend gewesen wäre. Sie hatte ihm das letzte Geld abgenommen und gleich gewußt, was er vorhatte, als sie sah, daß er zwei Hosen übereinander trug. Sie hatte gelacht und ihm den jüdischen Schneider genannt, wo er sie verkaufen konnte. Er ging langsamer. Ihm war schlecht. Er wußte es. Er hätte etwas Vernünftiges essen sollen. Jetzt war es zu spät, er würde nichts mehr essen können. Alles war widerwärtig: die Frau, der schmutzige Jude, die Schiffsschaukel sogar, obwohl sie noch das netteste gewesen war, aber auch sie war widerlich, widerlich die Aprikosen, der Wirt, der Landser. Das Mädchen hatte ihm gefallen. Sie hatte ihm sehr gut gefallen. Aber er durfte nicht zweimal an einem Tage zu einer Frau gehen. Sie hatte sehr schön ausgesehen, so im Dunkeln in dieser grünen Ecke mit ihrem weißen Gesicht, aber von nahem war sie sicher auch schweißig und roch schlecht. Dazu hatten diese Mädchen wohl kein Geld, um mittags in dieser Hitze nicht schweißig zu sein und gut zu riechen.

Er kam an einem Restaurant vorbei. Stühle standen auf der Straße zwischen großen Kübeln mit steifen grünen Pflanzen. Er setzte sich in die Ecke und bestellte Sprudel. »Mit Eis«, rief er dem Kellner nach. Der Kellner nickte. Ein Ehepaar saß neben Greck, sie sprachen Rumänisch miteinander.

Greck war jetzt dreiunddreißig Jahre alt und war schon mit sechzehn magenkrank gewesen. Zum Glück war sein Vater Arzt, kein guter Arzt, aber der einzige im Städtchen, und sie hatten Geld genug. Aber die Mutti war sparsam. Sie waren im Sommer in die Bäder gefahren oder hinunter in die Alpen, oft auch an die See, und im Winter, wenn sie zu Hause saßen, aßen sie schlecht. Nur wenn Gäste kamen, aßen sie gut, aber sie hatten wenig Gäste. In ihrem Städtchen spielten sich alle Geselligkeiten in der Gastwirtschaft ab, und er durfte nicht mit in die Gastwirtschaft gehen. Wenn Gäste kamen, gab es auch Wein, aber als er so weit war, daß er Wein hätte trinken können, war er schon magenkrank. Sie hatten immer viel Kartoffelsalat gegessen. Er wußte nicht genau, wie oft wirklich, ob dreimal oder viermal in der Woche, aber es gab Tage, an denen er das Gefühl hatte, als habe er in seiner Jugend nur Kartoffelsalat gegessen. Später hatte ihm einmal ein Arzt gesagt, seine Krankheitssymptome grenzten irgendwie an Hungererscheinungen, und Kartoffelsalat sei Gift für ihn. In seiner Heimatstadt hatte sich bald herumgesprochen, daß er krank war, man sah es ihm auch an, und die Mädchen kümmerten sich kaum um ihn. So viel Geld hatte sein Vater nicht, daß es seine Krankheit wettgemacht hätte. Auch in der Schule war er nicht blendend. Als er Abitur machte, 1931, durfte er sich etwas wünschen, und er wünschte sich eine Reise. Er stieg schon in Hagen aus, nahm ein Hotelzimmer und rannte abends fiebernd durch die Stadt, aber er fand in Hagen keine Dirne, reiste am nächsten Tag weiter nach Frankfurt und blieb dort acht Tage. Nach acht Tagen hatte er kein Geld mehr und fuhr nach Hause zurück. Im Zuge dachte er, er würde sterben. Zu Hause empfing man ihn erstaunt und entsetzt; er hatte Geld für eine dreiwöchige Reise gehabt. Der Vater sah ihn an, die Mutti weinte, und es gab eine entsetzliche Szene mit seinem Alten, der ihn zwang, sich auszuziehen und sich untersuchen zu lassen. Es war Samstagnachmittag, er vergaß es nie im Leben; draußen war es ganz still in diesen sauberen Straßen, sie waren altertümlich und idyllisch, warm und tief, sehr lange läuteten die Glocken, und er stand nackt vor seinem Alten und mußte sich abtasten lassen. Im Sprechzimmer. Er haßte dieses fette Gesicht und diesen Atem, der immer ein wenig nach Bier roch, und er nahm sich vor, sich das Leben zu nehmen. Die Hände seines Vaters klopften seinen Körper ab, dieser grauhaarige

Kopf mit dem dicken Haar bewegte sich lange unterhalb seiner Brust. »Du bist irrsinnig«, sagte der Vater, als er den Kopf endgültig hochnahm, und er grinste leise. »Du bist irrsinnig. Ein-, zweimal im Monat eine Frau, das langt für dich.« Er wußte, daß der Alte recht hatte.

Abends saß er bei der Mutti und trank schwachen Tee. Sie sprach kein Wort, fing nur plötzlich an zu weinen. Er legte die Zeitung weg und ging auf sein Zimmer.

Zwei Wochen später ging er nach Marburg auf die Universität. Er befolgte den Ratschlag seines Vaters genau, obwohl er den Alten haßte. Drei Jahre später bestand er das Staatsexamen, wieder zwei Jahre später war er Assessor, und ein weiteres Jahr später promovierte er. 1937 hatte er die erste, 1938 die zweite Übung gemacht, und 1939, zwei Jahre, nachdem er eine Stellung beim Landgericht seiner Kreisstadt bekommen hatte, rückte er als Fahnenjunkerfeldwebel ins Feld. Er liebte den Krieg nicht. Der Krieg brachte neue Anforderungen. Es genügte nicht mehr, Assessor und Doktor der Rechte zu sein, auch nicht, eine Stellung zu haben und bald Amtsgerichtsrat zu sein. Jetzt sahen sie alle auf seine Brust, wenn er nach Hause kam. Seine Brust war nur kümmerlich dekoriert. Mutti schrieb ihm, sich zu schonen, und machte gleichzeitig Andeutungen, die ihn wie Nadelstiche trafen.

›Beckers Hugo war in Urlaub hier. Er hat das EK 1. Allerhand für einen sitzengebliebenen Quartaner, der nicht einmal die Gehilfenprüfung als Metzger bestand. Man sagt sogar, daß er Offizier werden soll. Ich finde es unglaublich. Wesendonk ist schwer verwundet, man sagt, er wird das Bein verlieren.‹ Auch das war etwas, ein Bein zu verlieren.

Er ließ sich noch einen Sprudel kommen. Der Sprudel tat ihm wohl. Er war eiskalt. Er wünschte, er hätte alles rückgängig machen können, diese dumme Geschichte mit dem Juden, und der blöde Einfall, mitten auf einer belebten Straße mit einem Hunderter ein bißchen Obst zu kaufen.

Er schwitzte wieder, wenn er an diese Szene dachte. Plötzlich spürte er, daß sein Magen anfing zu revoltieren. Er blieb sitzen und sah sich nach dem Klo um. Alle Leute im Lokal saßen ruhig plaudernd da. Keiner rührte sich. Er blickte sich ängstlich um, bis er neben der Theke einen grünen Vorhang entdeckte, stand langsam auf und ging starr auf den grünen Vorhang zu. Unterwegs mußte er noch grüßen, ein Hauptmann saß da mit einer Frau, er grüßte schnell und stramm und war froh, als er den grünen Vorhang erreicht hatte.

Schon um vier Uhr war er im Lazarett. Der freche, kleine Leutnant saß reisefertig da. Er hatte seine schwarze Panzeruniform an, viele Orden leuchteten auf seiner Brust. Greck kannte sie genau. Es waren fünf. Der Leutnant trank Wein und aß Fleischbutterbrote. Er rief Greck entgegen: »Ihre Kiste ist angekommen.«

»Schön«, sagte Greck. Er ging auf sein Bett zu, schleifte die Kiste am Griff in die Nähe des Fensters. »Übrigens«, sagte der Leutnant, »Ihren Bataillöner hat man in Szokarhely zurücklassen müssen. Schmitz ist bei ihm geblieben. Der war nicht transportfähig, Ihr Hauptmann.«

»Tut mir leid«, sagte Greck. Er fing an, die Kiste aufzumachen.

»Ich würde sie zulassen«, sagte der Leutnant, »wir müssen weg, alle, Sie auch.«

»Ich auch?«

»Ja«, der Leutnant lachte, dann wurde sein Kindergesicht ernst: »Nächstens werden Magenstoßtrupps aufgemacht.«

Greck spürte, wie sein Magen sich wieder meldete. Er atmete schwer, als er die Fleischbutterbrote so deutlich vor sich sah. Diese körnigen Stücke Talg im Büchsenfleisch kamen ihm wie Fliegeneier vor. Er ging schnell zum Fenster, um Luft zu schnappen. Draußen fuhr ein Wagen mit Aprikosen vorüber. Greck erbrach sich – er spürte eine unglaubliche Erleichterung.

»Prost Mahlzeit!« rief der kleine Leutnant.

5

Feinhals war in die Stadt gegangen, um Stecknadeln, Pappkartons und Tusche zu kaufen, aber er hatte nur Pappe bekommen, rosarote Pappe, wie sie der Spieß gern hatte, um Schilder zu malen. Als er aus der Stadt zurückkam, regnete es. Der Regen war warm. Feinhals versuchte, die große Rolle unter die Feldbluse zu schieben, aber die Rolle war zu lang, zu dick auch, und als er sah, daß das Packpapier anfing, rundherum naß zu werden, und die rosarote Pappe durchfärbte, ging er schneller. An einer Straßenecke mußte er warten. Panzer fuhren schwerfällig in die Kurve, schwenkten langsam ihre Rohre, ihre Hinterteile und fuhren in südöstlicher Richtung weiter. Die Leute sahen den Panzern ruhig zu. Feinhals ging weiter. Der Regen fiel dicht und schwer, es tropfte von den Bäumen, und als er in die Straße kam, wo seine Sammelstelle lag, sah er schon große Pfützen auf dem schwarzen Boden.

An der Tür hing das große, weiße Schild, auf das er mit blassem Rotstift gemalt hatte: ›Krankensammelstelle Szentgyörgy‹. Es würde bald ein besseres Schild dort hängen, dick, rosarot, mit schwarzer Tusche in Rundschrift bemalt. Alle würden es sehen können. Noch war alles still. Feinhals klingelte, drinnen wurde aufgedrückt, und er grüßte in die Pförtnerloge hinein und ging in den Flur. Im Flur an den Kleiderhaken hingen eine Maschinenpistole und ein Gewehr. Neben den Türen waren kleine gläserne Gucklöcher, hinter denen ein Thermometer war. Alles war sauber, und es war sehr still, und Feinhals ging sehr leise. Hinter der ersten Tür hörte er den Spieß telefonieren. Im Flur hingen Fotografien von Lehrerinnen und eine große kolorierte Ansicht von Szentgyörgy.

Feinhals schwenkte rechtsherum, trat durch eine Tür und war auf dem Schulhof. Der Schulhof war von großen Bäumen umgeben und hinter seinen Mauern drängten sich hohe Häuser. Feinhals blickte auf ein Fenster im dritten Stock: das Fenster war offen. Er ging schnell ins Haus zurück und stieg die Treppe hinauf. Im Treppenhaus hingen die Bilder der entlassenen Jahrgänge. Eine ganze Reihe großer brauner und goldener Rahmen, in denen Mädchenbrustbilder aufgeklebt waren: ovale, dicke Pappstücke, die eine Mädchenfotografie trugen. Der erste Jahrgang war der Jahrgang 1918. 1918 schien das erste Abitur gewesen zu sein. Die Mädchen hatten steife, weiße Blusen an, und sie lächelten traurig. Feinhals hatte sie schon oft angesehen, fast eine Woche lang jeden Tag. Mitten in den Mädchenbrustbildern drin klebte eine schwarze, strenge Dame, die einen Kneifer trug, sie mußte die Direktorin sein. Von 1918 bis 1932 war es dieselbe, sie schien sich in diesen vierzehn Jahren nicht verändert zu haben. Es war immer dasselbe Bild, wahrscheinlich nahm sie immer wieder das gleiche Foto und ließ es vom Fotografen in die Mitte kleben. Vor dem Jahrgang 1928 blieb Feinhals stehen. Hier war ihm ein Mädchen durch seine Figur aufgefallen, sie hieß Maria Kartök, trug einen langen Pony, fast bis auf die Brauen, und ihr Gesicht sah selbstbewußt und hübsch aus. Feinhals lächelte. Er war schon im zweiten Aufgang und ging weiter bis zum Jahrgang 1932. Er hatte auch 1932 Abitur gemacht. Er sah die Mädchen der Reihe nach an, die damals neunzehn gewesen sein mochten, so alt wie er, und jetzt zweiunddreißig waren: in diesem Jahrgang war wieder ein Mädchen, das einen Pony trug, nur über die halbe Stirn, und ihr Gesicht war selbstbewußt und von einer gewissen strengen Zärtlichkeit. Sie hieß Ilona Kartök und glich ihrer Schwester sehr, nur schien sie schmaler und weniger eitel gewesen zu sein. Die steife Bluse stand ihr gut, und sie war die einzige auf dem Bild, die nicht lächelte. Feinhals blieb einige Sekunden stehen, lächelte wieder und stieg langsam zum dritten Stock empor. Er schwitzte, hatte aber keine Hand frei, um die Mütze abzunehmen, und ging weiter. An der Querseite im Treppenhaus war eine Muttergottesstatue in eine Nische gesetzt. Sie war aus Gips, frische Blumen standen in einer Vase davor; am Morgen waren Tulpen in der Vase gewesen, jetzt standen gelbe und rote Rosen da, mit knappen, kaum geöffneten Knospen. Feinhals blieb stehen und blickte in den Flur hinunter. Im ganzen gesehen sah dieser Flur voller Mädchenbilder eintönig aus: sie sahen alle aus, diese Mädchen, wie Schmetterlinge, unzählige Schmetterlinge mit etwas dunkleren Köpfen, präpariert und in großen Rahmen gesammelt. Es schienen immer dieselben zu sein, nur das große dunkle Mittelstück wechselte hin und wieder. Es wechselte 1932, 1940 und 1944. Ganz oben links am Ende des dritten Aufgangs hing noch der Jahrgang 1944, Mädchen in steifen, weißen Blusen, lächelnd und unglücklich, und in ihrer Mitte eine dunkle, ältere Dame, die ebenfalls lächelte und ebenfalls unglücklich zu sein schien. Feinhals blickte im Vorübergehen flüchtig auf den Jahrgang 1942; dort war wieder eine Kartök, sie hieß Szorna, aber sie fiel nicht auf: ihre Frisur unterschied sich nicht von den anderen, ihr Gesicht war rund und rührend. Als er oben angekommen war, auf diesem Flur, der still war wie das ganze Haus, hörte er, daß auf der Straße Autos vorfuhren. Er warf seinen Kram auf eine Fensterbank, öffnete ein Fenster und sah hinaus. Der Spieß stand unten auf der Straße vor einer Wagenkolonne, die Motoren waren nicht abgestellt. Landser mit Verbänden sprangen auf die Straße, und hinten aus einem rotlackierten, großen Möbelwagen kamen sehr viele Landser mit ihrem Gepäck. Die Straße füllte sich schnell. Der Spieß schrie: »Hier – hierhin – alles in den Flur gehen – warten.« Ein unregelmäßiger grauer Zug bewegte sich langsam in die Türen hinein. Auf der anderen Straßenseite wurden Fenster aufgerissen, Leute blickten hinaus, und an der Ecke stauten sich Menschen.

Manche Frauen weinten.

Feinhals schloß das Fenster. Im Hause war es noch still – nur schwach kam der erste Lärm unten aus dem Flur; er ging langsam bis zum Ende des Flures, stieß dort einmal mit dem Fuß gegen eine Tür, und drinnen sagte eine Frauenstimme: »Ja?«; er spürte, daß er rot wurde, als er mit dem Ellenbogen die Klinke herunterdrückte. Zuerst sah er sie nicht, das Zimmer stand voller ausgestopfter Tiere, auf großen Regalen lagen zusammengerollte Landkarten, große, sauber verzinkte Kästen mit Gesteinsproben unter gläsernen Deckeln, und an der Wand hing ein bunter Druck mit Stickmustern und eine laufend numerierte Bildfolge, die alle Stadien der Säuglingspflege zeigte.

»Hallo«, rief Feinhals.

»Ja?« rief sie. Er ging ans Fenster, wo ein schmaler Gang zwischen Schränken und Ständern frei war. Sie saß an einem kleinen Tisch. Ihr Gesicht war runder als unten auf dem Bild, die Strenge schien gemildert und die Zärtlichkeit größer geworden zu sein. Sie war verlegen und zugleich belustigt, als er »Guten Tag« sagte, und nickte ihm zu. Er warf die große Papierrolle auf die Fensterbank, auch das Paket aus seiner linken Hand, warf die Mütze daneben und trocknete sich den Schweiß.

»Sie müssen mir helfen, Ilona«, sagte er, »es wäre nett, wenn Sie etwas Tusche für mich hätten.«

Sie stand auf und klappte das Buch, das vor ihr lag, zu.

»Tusche«, sagte sie, »Tusche kenne ich nicht.«

»Ich denke, Sie haben Deutsch als Fach?«

Sie lachte.

»Tusche«, sagte er, »ist so etwas wie Tinte. Wissen Sie denn, was eine Rundschriftfeder ist?«

»Ich kann es mir denken«, sagte sie lächelnd, »Rundschreiben-Feder – das kenne ich.«

»Würden Sie mir so etwas leihen können?«

»Ich glaube doch.« Sie zeigte auf den Schrank, der hinter ihm stand, aber er sah, daß sie niemals aus der Ecke hinter dem Tisch herauskommen würde.

Er hatte sie vor drei Tagen in diesem Zimmer entdeckt und war jeden Tag stundenlang bei ihr gewesen, aber noch nie war sie in seine Nähe gekommen: sie schien Angst vor ihm zu haben. Sie war sehr fromm, sehr unschuldig und klug, er hatte schon viel mit ihr gesprochen, und er spürte, daß sie Sympathien für ihn hatte – aber in seine Nähe gekommen, so daß er sie hätte plötzlich umarmen und küssen können, in seine Nähe gekommen war sie noch nicht; er hatte sehr viel mit ihr gesprochen, stundenlang drückte er sich bei ihr herum, und ein paarmal hatten sie über Religion gesprochen, aber er hätte sie gern geküßt; nur kam sie nie in seine Nähe.

Er runzelte die Stirn und zuckte die Schultern. »Nur ein Wort«, sagte er heiser, »Sie brauchen nur ein Wort zu sagen, und ich komme nie mehr in Ihr Zimmer.«

Ihr Gesicht wurde ernst. Sie senkte die Lider, kniff die Lippen zusammen, sah wieder auf: »Ich weiß nicht«, sagte sie leise, »ob ich das möchte – und außerdem, es würde nichts nützen, nicht wahr?«

»Nein«, sagte er. Sie nickte.

Er ging auf den Gang zurück, der zur Tür führte, und sagte: »Ich verstehe nicht, wie man Lehrerin an einer Schule werden kann, die man selbst neun Jahre besucht hat.«

»Warum nicht«, sagte sie, »ich bin immer gern zur Schule gegangen, auch jetzt noch.«

»Jetzt ist keine Schule?«

»Doch – wir sind mit einer anderen Schule zusammen.«

»Und Sie müssen hierbleiben und aufpassen, ich weiß – sehr klug von Ihrer Direktorin, die hübscheste Lehrerin hier im Hause zu lassen«, er sah, daß sie rot wurde, »und zugleich die zuverlässigste, ich weiß –«, er warf einen Blick rund auf das Lehrmaterial. »Haben Sie eine Karte von Europa da?«

»Gewiß«, sagte sie.

»Und Stecknadeln?«

Sie sah ihn erstaunt an und nickte.

»Seien Sie nett zu mir«, sagte er, »geben Sie mir die Karte von Europa und ein paar Stecknadeln.« Er knöpfte seine linke Tasche auf, suchte ein Pergamenttütchen heraus und schüttete den Inhalt vorsichtig in seine Hand; es waren kleine, rote Pappfähnchen, eins hob er hoch und zeigte es ihr. »Kommen Sie«, rief er, »wir spielen Generalstab, ein wunderbares Spiel.« Er sah, daß sie zögerte. »Kommen Sie«, rief er, »ich verspreche Ihnen, daß ich Sie nicht anrühre.«

Sie kam langsam heraus und ging zu dem Ständer hin, wo die Karten lagen. Er blickte in den Hof hinaus, als sie an ihm vorbeiging, dann wandte er sich um und half ihr, den Kartenständer, den sie irgendwo herauszerrte, aufzustellen. Sie klemmte die Karte ein, löste die Schnur und kurbelte langsam hoch. Er stand neben ihr, die roten Fähnchen in der Hand. »Mein Gott«, murmelte er, »sind wir denn wie Tiere, daß ihr solche Angst habt?«

»Ja«, sagte sie leise und sah ihn an; er sah, daß sie immer noch Angst hatte. »Wie Wölfe«, sagte sie, mühsam atmend. »Wölfe, die jeden Augenblick von Liebe anfangen können. Ein beunruhigender Menschentyp. Bitte«, sagte sie sehr leise, »tun Sie das nicht.«

»Was?«

»Von Liebe sprechen«, sagte sie sehr leise ...

»Vorläufig nicht, ich verspreche es Ihnen.« Er blickte gespannt auf die Karte und sah nicht, daß sie ihm von der Seite zulächelte.

»Bitte«, sagte er, ohne sich umzuwenden, »die Nadeln.« Er blieb ungeduldig vor der Karte stehen, starrte auf die lebhaft bedruckte, unregelmäßige Fläche und fuhr mit den Händen darüber. Die große Linie von Ostpreußens Ostecke führte fast genau und gerade hinunter bis Großwardein, nur in der Mitte, bei Lemberg, war eine Ausbuchtung, aber niemand wußte etwas Genaues.

Er blickte ungeduldig zu ihr hinüber; sie wühlte in einer großen Schublade eines schweren Nußbaumschrankes: Wäschestücke, Windeln, eine große, nackte Puppe – dann kam sie schnell zurück und hielt ihm eine große Blechschachtel voller Stecknadeln hin. Er suchte hastig mit den Fingern darin herum und nahm die heraus, die rote oder blaue

Köpfe hatten. Sie sah ihm gespannt zu, wie er die Nadeln durch die Pappefähnchen bohrte und sie vorsichtig in die Karte steckte.

Sie blickten sich an; draußen auf dem Flur war Lärm, Türenschlagen, Stiefelschritte, die Stimme vom Spieß und von Landsern.

»Was ist los?« fragte sie erschreckt.

»Nichts«, sagte er ruhig, »die ersten Patienten sind angekommen.«

Er pflanzte ein Fähnchen unten hin, wo ein dicker Punkt war: Nagyvárad – fuhr vorsichtig mit der Hand über Jugoslawien und steckte vorsichtig eins auf Belgrad, dann drüben eins auf Rom und war erstaunt, wie nahe Paris der deutschen Grenze war. Seine Linke ließ er auf Paris ruhen und fuhr langsam mit der Rechten den langen Weg bis Stalingrad zurück. Die Strecke zwischen Stalingrad und Großwardein war länger als die zwischen Paris und Großwardein. Er zuckte die Schultern und steckte vorsichtig die Zwischenräume zwischen den markierten Punkten mit Fähnchen aus.

»Oh«, rief sie – er sah sie an –, sie sah gespannt aus, erregt, ihr Gesicht schien schmaler geworden, es war glatt und braun, und der Flaum war auf ihren hübschen Wangen sichtbar bis nahe an die dunklen Augen heran. Sie trug immer noch einen Pony, nur war er höher noch als unten auf dem Bild. Sie atmete schwer.

»Ist es nicht ein wunderbares Spiel?« fragte er leise.

»Ja«, sagte sie, »schrecklich – es ist alles so – sagen Sie es – so – wie Relief.«

»Plastisch meinen Sie«, sagte er.

»Ja, ja«, sagte sie lebhaft, »sehr plastisch – man sieht wie in ein Zimmer hinein.«

Der Lärm im Flur war geringer geworden, die Türen schienen geschlossen zu sein, aber Feinhals hörte plötzlich seinen Namen sehr deutlich. »Feinhals«, schrie der Spieß, »verflucht, wo sind Sie?«

Ilona sah ihn fragend an.

»Ruft man Sie?«

»Ja.«

»Gehen Sie«, sagte sie leise, »bitte, ich will nicht, daß man Sie hier findet.«

»Wie lange sind Sie hier?«

»Bis sieben.«

»Warten Sie auf mich – ich komme noch einmal.«

Sie nickte, wurde glühend rot und blieb vor ihm stehen, bis er ihr Platz machte, um sie in ihre Ecke zu lassen.

»Es ist Kuchen in dem Paket da auf der Fensterbank«, sagte er, »er ist für Sie.« Er öffnete die Tür, blickte hinaus und ging schnell auf den Flur.

Er ging langsam die Treppe hinunter, obwohl er im mittleren Flur den Spieß »Feinhals« schreien hörte. Er lächelte Szorna zu, als er am Jahrgang 42 vorbeikam, aber es war schon dunkler geworden, und er konnte Ilonas Gesicht nicht erkennen; der große Rahmen hing mitten im Flur, und die Schatten waren schon dicht. Und unten am Ende der Treppe stand der Spieß, der ihm zurief: »Mein Gott, wo stecken Sie bloß, ich suche Sie seit einer Stunde.«

»Ich war doch in der Stadt, habe Pappe gekauft für die Schilder.«

»Ja, ja, aber Sie sind schon seit einer halben Stunde im Haus. Kommen Sie.« Er nahm Feinhals beim Arm und ging mit ihm ins untere Stockwerk hinunter. In den Zimmern wurde gesungen, und die russischen Pflegerinnen rannten mit Tabletts über den Flur.

Der Spieß war sehr milde zu Feinhals, seit dieser aus Szokarhely zurückgekommen war, er war milde zu allen und zugleich nervös, seitdem er beauftragt war, eine Krankensammelstelle zu organisieren. Den Spieß beunruhigten Dinge, die Feinhals nicht kennen konnte. Seit einigen Wochen war etwas geschehen in dieser Armee, das Feinhals nicht kontrollieren und dessen Folgen er nicht ermessen konnte. Aber der Spieß lebte von diesen Dingen, nur durch sie, und daß sie nicht mehr funktionierten, beunruhigte ihn sehr. Früher war die Möglichkeit einer Versetzung oder einer ungünstigen Kommandierung verhältnismäßig unwahrscheinlich gewesen, jeder Befehl war schon umgangen, bevor er an die Truppe ging. Die Instanz, die den Befehl schuf, umging ihn als erste, und vertrauliche Gespräche unterrichteten die Einheiten, an die er weiterging, von der Möglichkeit, ihn zu umgehen – und während die Befehle und Gesetze immer drohender wurden, finster formuliert, wurde gleichzeitig die Möglichkeit, an ihnen vorbeizukommen, immer leichter, in Wirklichkeit richtete sich niemand danach, der sie nicht benutzen wollte, um unbeliebte Leute loszuwerden. Im äußersten Fall eine ärztliche Untersuchung oder ein Telefongespräch – und alles lief weiter. Aber diese Dinge hatten sich geändert: Telefongespräche nützten nichts mehr, weil die Leute, mit denen zu sprechen man gewöhnt war, nicht mehr existierten oder irgendwo existierten, wo sie nicht erreichbar waren – und die, mit denen man jetzt telefonierte, kannten einen nicht und hatten kein Interesse, einem zu helfen, weil sie wußten, daß man selbst ihnen nicht würde helfen können. Die Fäden waren verwirrt oder verknotet, und das einzige, was einem zu tun blieb, war, täglich seine eigene Haut zu retten. Bisher hatte sich der Krieg am Telefon abgespielt, aber jetzt fing der Krieg an, das Telefon zu beherrschen. Zuständigkeiten, Decknamen, Vorgesetzte wechselten täglich, und es kam vor, daß man einer Division zugeteilt war, die am anderen Tage nur noch aus einem General, drei Stabsoffizieren und ein paar Schreibern bestand …

Der Spieß ließ Feinhals' Arm los, als sie unten angekommen waren, öffnete selbst die Tür. Otten saß am Tisch und rauchte. Der Tisch, an dem er saß, hatte eine schwarze, scharfe Brandspur von einer Zigarette. Otten las in einer Zeitung.

»Na endlich«, sagte er und legte die Zeitung weg.

Der Spieß blickte Feinhals, Feinhals blickte Otten an.

»Es ist nichts zu machen«, sagte der Spieß achselzuckend, »ich muß alle Leute abgeben, die jünger als vierzig sind, weder zum Stammpersonal gehören noch länger als Patienten zu betrachten sind. Wirklich – nichts zu machen. Ihr müßt weg.«

»Wohin?« fragte Feinhals.

»Zur Frontleitstelle, und zwar sofort«, sagte Otten. Er reichte Feinhals den Marschbefehl. Feinhals las ihn durch.

»Sofort«, sagte Feinhals. »Sofort – sofort ist noch nie etwas Vernünftiges geschehen.« Er hielt den Marschbefehl in der Hand und sagte: »Müssen wir beide auf einem Marschbefehl stehen – ich meine zusammen ...?«

Der Spieß sah ihn aufmerksam an: »Wieso? Machen Sie keinen Unsinn!« sagte er leise.

»Wie spät ist es?« fragte Feinhals.

»Gleich sieben«, sagte Otten. Er stand auf, er hatte schon das Koppel umgeschnallt und seinen Tornister am Tisch stehen.

Der Spieß setzte sich an den Tisch, zog die Schublade heraus und sah Otten an. »Mir ist es Wurscht«, sagte er. »Wenn ihr in Marsch gesetzt seid, geht ihr mich nichts mehr an.« Er zuckte die Schultern.

»Meinetwegen, ich schreibe also jedem einen aus.«

»Ich hole mein Gepäck«, sagte Feinhals.

Als er Ilona oben sah, blieb er im Flur stehen und sah ihr zu, wie sie die Tür schloß, dann aber an der Klinke rüttelte und mit dem Kopf nickte. Sie war in Hut und Mantel und hielt das Kuchenpaket in der Hand. Sie trug einen grünen Mantel und eine braune Kappe, und er fand, daß sie noch hübscher aussah als in ihrer rötlichen Weste. Sie war klein, fast etwas zu üppig, aber wenn er ihr Gesicht sah, die Linie ihres Halses, fühlte er etwas, was er noch nie beim Anblick einer Frau gefühlt hatte: er liebte sie und wollte sie besitzen. Sie rüttelte noch einmal an der Klinke, um sich zu vergewissern, ob die Tür wirklich verschlossen war, und kam dann langsam den Flur hinab. Er beobachtete sie gespannt und bemerkte, daß sie lächelte und zugleich erschrocken war, als er plötzlich vor ihr stand.

»Sie wollten doch warten«, sagte er.

»Ich hatte vergessen, daß ich sehr dringend weg muß. Ich wollte unten hinterlassen, daß ich in einer Stunde zurück bin.«

»Sie wollten wirklich zurückkommen?«

»Ja«, sagte sie. Sie sah ihn an und lächelte.

»Ich gehe mit Ihnen«, sagte er. »Warten Sie. Nur eine Minute.«

»Sie können nicht mitgehen. Lassen Sie.« Sie schüttelte müde den Kopf. »Ich komme bestimmt zurück.«

»Wohin gehen Sie?«

Sie schwieg, blickte sich um, aber der Flur war leer, es war Essenszeit, und aus den Zimmern kam verhaltener Lärm. Dann sah sie ihn wieder an. »Ins Getto«, sagte sie, »ich muß mit meiner Mutter ins Getto.« Sie blickte ihn gespannt an, aber er fragte nur: »Was tun Sie da?«

»Es wird heute geräumt. Unsere Verwandten sind dort. Wir bringen ihnen noch etwas. Auch den Kuchen.« Sie sah auf das Paket, das sie in der Hand hielt, und zeigte es ihm. »Sie sind doch nicht böse, daß ich es verschenke.«

»Ihre Verwandten«, sagte er, er faßte sie am Arm. »Kommen Sie – wir gehen.« Er ging neben ihr die Treppe hinunter und hielt sie am Arm fest.

»Ihre Verwandten sind Juden? Ihre Mutter?«

Sie nickte. »Ich auch«, sagte sie, »wir alle.« Sie blieb stehen. »Warten Sie einen Augenblick.« Sie löste sich von seinem Arm, nahm den Strauß aus der Vase vor dem Muttergottesbild und entfernte sorgfältig die welken Blüten. »Versprechen Sie mir, daß Sie frisches Wasser in die Vase tun? Ich bin morgen nicht da. Ich muß zur Schule. Versprechen Sie es mir – vielleicht auch Blumen?«

»Ich kann es nicht versprechen. Ich muß heute abend weg. Sonst ...«

»Sonst würden Sie es tun?« – Er nickte. »Ich würde alles tun, um Ihnen eine Freude zu machen.«

»Nur um mir eine Freude zu machen?« sagte sie.

Er lächelte. »Ich weiß nicht – ich würde es auch so tun, glaube ich, aber ich wäre nie auf den Gedanken gekommen, es zu tun. Warten Sie!« sagte er heftig. – Sie waren auf dem zweiten Flur angekommen. Er lief in den Flur hinein, auf sein Zimmer, und stopfte schnell einige Kleinigkeiten, die herumlagen, in seine Packtasche. Dann schnallte er das Koppel um und lief hinaus. Sie war langsam weitergegangen, und er holte sie vor dem Bild des Jahrgangs 1932 ein. Sie schien nachdenklich zu sein.

»Was ist?« fragte er.

»Nichts«, sagte sie leise. »Ich möchte gern sentimental sein – ich kann es nicht. Dieses Bild berührt mich nicht, es ist mir ganz fremd. Gehen wir weiter.«

Sie versprach ihm, vor der Tür zu warten, und er lief schnell auf die Schreibstube, seinen Marschbefehl zu holen. Otten war schon weg. Der Spieß hielt Feinhals am Ärmel fest: »Machen Sie keine Dummheiten«, sagte er, »und alles Gute.«

»Danke«, sagte Feinhals und lief schnell hinaus.

Sie wartete an der Straßenecke auf ihn. Er faßte sie am Arm und ging mit ihr langsam in die Stadt hinein. Es hatte aufgehört zu regnen, aber die Luft war noch feucht, es roch süß, und sie gingen durch sehr stille Nebenstraßen, die fast parallel zu den Hauptstraßen liefen, aber sehr still waren, kleine Häuser mit niedrigen Bäumchen davor.

»Wie kommt es, daß Sie nicht im Getto sind?« fragte er.

»Wegen meines Vaters. Er war Offizier im Krieg und hat hohe Auszeichnungen bekommen und beide Beine verloren. Aber er hat gestern seine Auszeichnungen dem Stadtkommandanten zurückgeschickt, auch seine Prothesen – ein großes braunes Paket. Lassen Sie mich jetzt allein«, sagte sie heftig.

»Warum?«

»Ich will allein nach Hause gehen.«

»Ich gehe mit.«

»Es ist zwecklos. Man wird Sie sehen, irgendeiner von der Familie wird Sie sehen –«, sie sah ihn an, »und man wird mich nicht mehr gehen lassen nachher.«

»Sie kommen wieder?«

»Ja«, sagte sie ruhig. »Bestimmt. Ich verspreche es Ihnen.«

»Geben Sie mir einen Kuß«, sagte er.

Sie wurde rot und blieb stehen. Die Straße war leer und still. Sie standen an einer Mauer, über die welke Rotdornzweige herüberhingen.

»Wozu küssen?« sagte sie leise; sie sah ihn traurig an, und er hatte Angst, sie würde weinen. »Ich habe Angst vor der Liebe.«

»Warum?« fragte er leise.

»Weil es sie nicht gibt – nur für Augenblicke.«

»Viel mehr als ein paar Augenblicke werden wir nicht haben«, sagte er leise. Er setzte seine Tasche auf die Erde, nahm ihr das Paket aus der Hand und umarmte sie. Er küßte sie auf den Hals, hinter die Ohren und spürte ihren Mund auf seiner Wange. »Geh nicht weg«, sagte er ihr leise ins Ohr, »geh nicht weg. Es ist nicht gut, wegzugehen, wenn Krieg ist. Bleib hier.« Sie schüttelte den Kopf. »Ich kann nicht«, sagte sie, »meine Mutter stirbt vor Angst, wenn ich nicht pünktlich bin.« Sie küßte ihn noch einmal auf die Wange und wunderte sich, daß es ihr nichts ausmachte – sie fand es schön. »Komm«, sagte sie. Sie beugte seinen Kopf herunter, der auf ihrer Schulter lag, und küßte ihn in die Mundwinkel. Sie fühlte jetzt, daß sie sich wirklich freute, gleich wieder bei ihm zu sein.

Sie küßte ihn noch einmal in die Mundwinkel und sah ihn einen Augenblick an; früher hatte sie immer gedacht, es müßte schön sein, einen Mann und Kinder zu haben; sie hatte immer an beides zugleich gedacht, aber jetzt dachte sie nicht mehr an Kinder – nein, sie hatte nicht an Kinder gedacht, als sie ihn küßte und sich bewußt wurde, daß sie ihn bald wiedersah. Es machte sie traurig, und doch fand sie es schön. »Komm«, sagte sie leise, »ich muß wirklich gehen ...«

Er sah über ihre Schulter in die Straße hinein, sie war leer und still, und der Lärm der Nebenstraße schien sehr weit entfernt. Die kleinen Bäume waren sorgsam gestutzt. Ilonas Hand tastete nach seinem Nacken, und er fühlte, daß diese Hand sehr klein war, fest und schmal. »Bleib hier«, sagte er, »oder laß mich mitgehen. Ganz gleich, was passiert. Es wird nicht gut gehen – du kennst den Krieg nicht – nicht die, die ihn machen. Es ist nicht gut, sich nur eine Minute zu trennen, wenn es nicht nötig ist.«

»Es ist nötig«, sagte sie, »versteh doch.«

»Dann laß mich mitgehen.«

»Nein, nein«, sagte sie heftig, »ich kann es meinem Vater nicht antun, verstehst du?«

»Ich verstehe«, sagte er und küßte ihren Hals, »ich verstehe alles, viel zuviel. Aber ich liebe dich, und ich möchte, daß du hierbleibst. Bleib hier.«

Sie löste sich von ihm, sah ihn an und sagte: »Bitte mich nicht darum. Bitte.«

»Nein«, sagte er leise, »geh. Wo soll ich warten?«

»Geh noch ein Stück mit mir, ich zeige dir eine kleine Wirtschaft, wo du warten kannst.«

Er versuchte, langsam zu gehen, aber sie zog ihn fort, und er war erstaunt, als sie plötzlich eine belebte Straße kreuzten. Sie zeigte auf ein kleines schmales Haus und sagte: »Warte da auf mich.«

»Kommst du zurück?«

»Bestimmt«, sagte sie lächelnd, »sobald ich kann. Ich liebe dich.« Sie faßte ihn plötzlich um den Hals und küßte ihn auf den Mund. Dann ging sie sehr schnell weg, und er wollte ihr nicht nachsehen und ging auf das kleine Gasthaus zu. Als er eintrat, fühlte er sich sehr elend, sehr leer, und er hatte das Gefühl, etwas versäumt zu haben. Er wußte, daß es sinnlos war, zu warten, und wußte zugleich, daß er warten mußte. Er mußte Gott diese Chance geben, alles so zu wenden, wie es schön gewesen wäre, obwohl es für ihn sicher war, daß es sich längst anders gewendet hatte: sie würde nicht zurückkommen. Es würde irgend etwas geschehen, wodurch verhindert wurde, daß sie zurückkam – es war vielleicht Anmaßung, eine Jüdin zu lieben in diesem Krieg und zu hoffen, daß sie wiederkommen würde. Er wußte nicht einmal ihre Adresse, und er mußte die Hoffnung praktizieren, indem er hier auf sie wartete, obwohl er keine Hoffnung hatte. Vielleicht hätte er ihr nachlaufen und sie zwingen können, zu bleiben – aber man konnte keinen Menschen zwingen, man konnte die Menschen nur töten, das war der einzige Zwang, den man ihnen antun konnte. Zum Leben konnte man keinen zwingen, auch nicht zur Liebe, es war sinnlos; das einzige, was wirklich Macht über sie hatte, war der Tod. Und er mußte nun warten, obwohl er wußte, daß es sinnlos war. Er wußte auch, daß er länger warten würde als eine Stunde, länger als diese Nacht, weil dies das einzige war, was sie miteinander verband: diese kleine Kneipe, auf die ihr Finger gewiesen hatte, und das einzige Gewisse war, daß sie nicht gelogen hatte. Sie würde kommen, sofort und sehr schnell, so schnell sie konnte, wenn sie Macht hatte, darüber zu bestimmen …

Auf der Uhr über der Thcke sah er, daß es zwanzig vor acht war. Er hatte keine Lust, etwas zu essen oder zu trinken, und er bestellte Sprudel, als die Wirtin kam, und als er sah, daß sie enttäuscht war, bestellte er eine Karaffe Wein. Vorn in der Kneipe saß ein ungarischer Soldat mit seinem Mädchen und in der Mitte ein dicker Kerl mit gelbem Gesicht und einer pechschwarzen Zigarre im Mund. Er trank die Karaffe Wein sehr schnell leer, um die Wirtin zu beruhigen, und bestellte noch eine. Die Wirtin lächelte ihm freundlich zu; sie war ältlich, schmal und blond.

Für Augenblicke glaubte er auch, daß sie kommen würde. Dann stellte er sich vor, wohin er mit ihr gehen würde: sie würden irgendwo ein Zimmer nehmen, und er würde ihr vor der Zimmertür sagen, daß sie seine Frau sei. Das Zimmer war dunkel, das Bett darin alt und braun und breit, und es hing ein frommes Bild an der Wand, es gab eine Kommode mit einer blauen Porzellanschüssel, in der lauwarmes Wasser war, und das Fenster führte in einen Obstgarten. Es gab dieses Zimmer, er wußte es, er brauchte nur in die Stadt zu gehen, es zu suchen, und er würde es finden, dieses Zimmer, ganz gleich wo, er würde es finden, genau dieses Zimmer, in einem Absteigequartier, in einem Hotel, einer Pension, es gab dieses Zimmer, das einen Augenblick lang bestimmt gewesen war, sie beide aufzunehmen diese Nacht – aber sie würden nie in dieses Zimmer kommen: er sah mit schmerzlicher Deutlichkeit den schmutzigen Läufer vor dem Bett und das kleine Fenster, das in den Obstgarten führte, die braune Farbe war abgebröckelt am Fensterkreuz; es war ein reizendes Zimmer mit einem großen braunen und breiten Bett, in dem sie beide fast zusammen gelegen hätten. Aber dieses Zimmer würde nun leer bleiben.

Trotzdem, es gab Augenblicke, in denen er glaubte, daß es noch nicht entschieden sei. Wenn sie keine Jüdin gewesen wäre – es war sehr schwer, in diesem Kriege eine Jüdin zu lieben, ausgerechnet eine Jüdin, aber er liebte sie, er liebte sie sehr, so daß er mit ihr schlafen und auch mit ihr würde sprechen können, sehr lange und sehr oft und immer wieder – und er wußte, daß es nicht viel Frauen gab, mit denen man schlafen gehen und mit denen man auch sprechen konnte. Mit ihr wäre es möglich gewesen – sehr vieles wäre mit ihr möglich gewesen.

Er bestellte noch eine Karaffe Wein. Die Flasche Sprudel hatte er noch nicht aufgemacht. Der Kerl mit der pechschwarzen Zigarre ging hinaus, und er war jetzt allein in der Kneipe mit der ältlichen, blonden Wirtin, die einen mageren Hals hatte, und dem ungarischen Soldaten und seinem Mädchen. Er trank Wein und versuchte, an etwas anderes zu denken. Er dachte an zu Hause – aber er war fast nie zu Hause gewesen. Seitdem er aus der Schule war, war er fast nie zu Hause gewesen; zu Hause hatte er auch Angst – das kleine Nest lag zwischen der Eisenbahn und dem Fluß wie in einer großen Schleife, die Straßen, die dorthin und hindurch führten, waren baumlos, Asphalt, und es gab nur den muffigen, schwülen Schatten der Obstbäume im Sommer. Nicht einmal abends wurde es kühl. Im Herbst war er meistens nach Hause gefahren und hatte bei der Ernte geholfen, weil es ihm Spaß machte: diese großen Gärten voller Obst, große Lastwagen voll, viele Lastwagen voll Birnen und Äpfel und Pflaumen wurden am Rhein vorbei in die großen Städte gefahren; es war schön zu Hause im Herbst, und er verstand sich gut mit seiner Mutter und dem Vater, und es war ihm gleichgültig, als seine Schwester irgendeinen Obstbauern heiratete – aber im Herbst war es schön zu Hause. Im Winter lag das Nest wieder flach und verlassen zwischen Fluß und Eisenbahn in der Kälte, und der schwere süßliche Geruch aus der Marmeladenfabrik zog in tiefen Wolken über die Ebene und benahm einem den Atem. Nein, er war froh, wenn er wieder draußen war. Er baute Häuser und Schulen, Fabriken und Wohnblocks im Auftrag einer großen Firma, auch Kasernen …

Aber es war zwecklos, an diese Dinge denken zu wollen. Er mußte jetzt daran denken, daß er vergessen hatte, sich Ilonas Adresse geben zu lassen – für alle Fälle. Aber er konnte sie erfahren, vom Hausmeister in der Schule oder von ihrer Direktorin, und es gab immerhin noch die Möglichkeit, nach ihr zu forschen, sie zu suchen, sie zu sprechen, sie vielleicht zu besuchen. Aber das alles gehörte zu den sinnlosen Dingen, die man tun mußte, um Gott eine Chance zu geben, man mußte sie unbedingt tun, und es kam vor, daß sie sinnvoll wurden. Schon wenn man zugeben mußte, daß sie sinnvoll werden konnten, erfolgreich, schon wenn man das zugeben mußte, war man verloren. Und man mußte sie immer wieder tun. Suchen und warten – das war die ganze Hoffnung, und sie war schrecklich. Er wußte nicht, was sie mit den ungarischen Juden machten. Er hatte gehört, daß es deswegen Streit gegeben hatte zwischen der ungarischen und deutschen Regierung, aber man konnte nie wissen, was die Deutschen taten. Und er hatte vergessen, sich Ilonas Adresse geben zu lassen. Das wichtigste, was man im Krieg tun mußte, sich gegenseitig seine Adresse zu geben, das hatten sie vergessen, und für sie war es noch wichtiger, seine Adresse zu haben –. Aber das war alles zwecklos: sie würde nicht wiederkommen.

Er wollte lieber an das Zimmer denken, in dem sie zusammen gewesen wären …

Er sah, daß es bald neun war: die Stunde war längst um. Der Zeiger der Uhr ging sehr langsam, wenn man auf ihn sah, aber wenn man ihn für einen Augenblick nur aus den Augen ließ, schien er zu springen. Es war neun, und er wartete fast schon einundeinehalbe Stunde hier, er mußte weiter warten, oder er konnte schnell zur Schule laufen und den Hausmeister nach ihrer Adresse fragen und dorthin gehen. Er bestellte noch eine Karaffe Wein und sah, daß die Wirtin zufrieden war.

Um fünf nach neun kam die Streife durch das Lokal. Es war ein Offizier mit einem Landser, einem Obergefreiten, und sie blickten erst nur flüchtig ins Lokal und wollten wieder hinausgehen – er sah sie sehr genau, weil er angefangen hatte, auf die Tür zu starren. Es hatte etwas Wunderbares, auf die Tür zu starren: die Tür war die Hoffnung, aber das einzige, was er sah, war dieser Offizier im Stahlhelm und der Landser hinter ihm, die nur hineinblickten, dann wieder gehen wollten, bis der Offizier ihn plötzlich entdeckt hatte und nun langsam auf ihn zukam. Er wußte, daß es aus war: diese Leute hatten das einzige Mittel, das wirksam war, sie verwalteten den Tod, er gehorchte ihnen aufs Wort. Und tot zu sein, das bedeutete, nichts mehr tun zu können auf dieser Welt, und er hatte vor, noch etwas zu tun auf dieser Welt: er wollte auf Ilona warten, sie suchen und sie lieben – wenn er auch wußte, daß es sinnlos war, er wollte es tun, weil es eine geringe Chance gab, daß es erfolgreich sein könnte. Diese Männer im Stahlhelm hatten den Tod in der Hand, er saß in ihren kleinen Pistolen, ihren ernsten Gesichtern, und wenn sie ihn selbst nicht bemühen wollten, so standen hinter ihnen Tausende, die bereit waren, gern bereit, auch dem Tod eine Chance zu geben, mit Galgen und Maschinenpistolen – sie verwalteten den Tod. Der Offizier sah ihn an, sagte nichts, sondern streckte nur die Hand aus. Der Offizier war müde, gleichgültig fast, er tat alles mechanisch, wahrscheinlich machte es ihm wenig Spaß, aber er tat es, und er tat es konsequent und ernst. Feinhals reichte ihm sein Soldbuch und den Marschbefehl. Der Obergefreite machte Feinhals Zeichen, daß er aufstehen solle. Feinhals zuckte die Schultern und stand auf. Er sah, daß die Wirtin zitterte und der ungarische Soldat erschrocken war.

»Kommen Sie mit«, sagte der Offizier leise.

»Ich muß noch zahlen«, sagte Feinhals.

»Zahlen Sie vorn.«

Feinhals schnallte sein Koppel um, nahm seine Packtasche und ging zwischen den beiden nach vorn. Die Wirtin nahm das Geld entgegen, und der Obergefreite ging vor und öffnete die Tür. Feinhals ging hinaus: er wußte, daß sie ihm nichts tun konnten; er hätte trotz allem Angst haben können, aber er hatte keine Angst. Draußen war es dunkel, die Läden und Gasthäuser waren erleuchtet, und es sah alles sehr schön und sommerlich aus. Auf der Straße vor der Kneipe stand ein großer roter Möbelwagen: seine hintere Tür war geöffnet, und ein Teil war herabgelassen und lag auf dem groben Pflaster wie eine Rampe. Leute standen auf der Straße und sahen ängstlich zu: vor der Öffnung stand ein Posten, der die Maschinenpistole in der Hand hielt.

»Einsteigen«, sagte der Offizier.

Feinhals kletterte über die Rampe in den Wagen hinein, er sah im Dunkeln viele Köpfe, Waffen – aber keiner drinnen sagte ein Wort. Als er ganz drinnen war, merkte er, daß der Wagen voll war.

6

Der rote Möbelwagen fuhr langsam durch die Stadt; er war dicht verschlossen, die Polstertüren verriegelt, und er trug auf beiden Seiten die schwarze Aufschrift: ›Gebr. Göros, Budapest, Transporte aller Art‹. Der Wagen hielt nicht mehr. Aus der Luke in der Decke des Wagens sah der Kopf eines Mannes heraus, der aufmerksam die Umgebung musterte, sich manchmal nach unten beugte und etwas zu rufen schien. Der Mann sah beleuchtete Cafés, Eissalons, sommerlich gekleidete Menschen, aber plötzlich wurde seine Aufmerksamkeit durch einen grünen Möbelwagen gefesselt, der sie auf dem breiten Boulevard zu überholen versuchte, aber nicht an ihnen vorbei konnte. Der Fahrer des grünen Möbelwagens war ein Mann in Feldgrau, neben ihm saß ein zweiter Mann in Feldgrau, der eine Maschinenpistole auf dem Schoß hielt, aber die Luke in der Decke des grünen Möbelwagens war mit Stacheldraht dicht zugenagelt. Der Fahrer des grünen Möbelwagens hupte heftig hinter dem roten Möbelwagen her, der sich schwerfällig durch die Stadt schleppte. Erst als sie eine große Kreuzung erreichten, die Straße breiter und offener wurde, konnte sie der grüne Möbelwagen überholen, er fuhr flink an ihnen vorbei, und der Mann, der oben aus der Luke heraussah, beobachtete, wie der grüne Wagen in eine breite Straße schwenkte, die nördlich führen mußte, während der rote Möbelwagen südlich fuhr, fast genau südlich. Das Gesicht des Mannes in der Luke wurde immer ernster. Er war klein und schmal, und sein Gesicht war ältlich, und als der rote Möbelwagen wieder ein Stück weitergefahren war, beugte er den Kopf und brüllte unten in den Wagen hinein: »Es ist ziemlich klar, daß wir aus der Stadt herausfahren, die Häuser stehen nicht mehr so dicht.« Von unten antwortete ihm ein dumpfes Gemurmel, und der rote Möbelwagen fuhr jetzt schneller, schneller, als man ihm zugetraut hätte. Die

Straße war leer und dunkel, und zwischen den dichten Ästen der Bäume hing die Luft feucht und schwer und süß, und der Mann oben in der Luke beugte sich herunter und schrie: »Keine Häuser mehr zu sehen, Landstraße – Richtung: südlich.« Das Geheul unten wurde noch stärker, aber der Möbelwagen fuhr noch schneller. Der Mann in der Luke war müde, er hatte eine weite Bahnfahrt hinter sich, und er stand auf den Schultern zweier Männer, die verschieden groß waren, das ermüdete ihn noch mehr, und er hatte keine Lust mehr, aber er war der kleinste und schmalste unten aus dem Wagen, und sie hatten ihn ausgesucht, um zu sehen, was draußen los war. Er sah jetzt lange Zeit nichts. Sehr lange schien es ihm – und als sie unten an seinem Bein rissen und wissen wollten, was los war, sagte er, es sei nichts los, er sehe nur die Bäume der Landstraße und die dunklen Felder. Dann sah er zwei Landser bei einem Krad an der Straße stehen, die Landser leuchteten mit einer Taschenlampe auf einer Landkarte herum. Sie blickten auf, als der große Möbelwagen an ihnen vorbeifuhr. Dann sah der Mann in der Luke wieder eine Zeitlang nichts, bis sie an einer stehenden Panzerkolonne vorbeifuhren. Ein Panzer schien defekt zu sein, jemand lag auf dem Bauch unter ihm, und ein anderer leuchtete mit einer Karbidlampe daran herum. Bauernhäuser glitten sehr schnell an ihnen vorbei, dunkle Bauernhäuser, und links überholte sie eine Lastwagenkolonne, die sehr schnell fuhr; auf den Lastwagen saßen Landser. Hinter den Lastwagen her fuhr ein kleiner, grauer Wagen mit einer Kommandeurflagge. Der Kommandeurwagen fuhr noch schneller als die Lastwagen. An einer Scheune hockten Landser, Infanteristen, die sehr müde zu sein schienen, manche lagen auf der Erde und rauchten. Dann kamen sie durch ein Dorf, und kurz hinter dem Dorf hörte der Mann in der Luke zum ersten Male schießen: es war eine schwere Batterie, die rechts von der Straße stand; große Rohre ragten steil und schwarz in den dunklen blauen Himmel. Das blutige Mündungsfeuer bleckte aus den Rohren und warf einen sanften, rötlichen Widerschein auf die Wand einer Scheune. Der Mann erschrak, er hatte noch nie schießen gehört, und er hatte Angst. Er war magenkrank, sehr schwer magenkrank, hieß Unteroffizier Finck und war Kantinenwirt eines großen Lazaretts bei Linz an der Donau, und es war ihm gleich nicht geheuer gewesen, als der Chef ihn nach Ungarn schickte, um echten Tokaier zu holen, Tokaier und Likör und möglichst viel Sekt. Ausgerechnet nach Ungarn wegen Sekt. Immerhin: er, Finck, war der einzige Mann im Lazarett, von dem man annahm, daß er echten von falschem Tokaier würde unterscheiden können, und letzten Endes: in Tokai mußte es ja echten Tokaier geben. Sein Chef, Oberstarzt Ginzler, trank sehr gern echten Tokaier, aber vor allem ging es wohl um seinen Saufkumpan und Skatgenossen, diesen Oberst, der Bressen hieß, zu dem man aber unwillkürlich von Bressen sagte, weil er so vornehm aussah mit seinem schmalen, ernsten Gesicht und dem seltenen Orden am Hals. Er, Finck, hatte eine Kneipe zu Haus, und er kannte die Menschen, und er wußte, daß es nichts als Angabe vom Chef war, daß er ihn losschickte, fünfzig Flaschen echten Tokaier zu holen – irgendeine Wette oder so etwas, zu der dieser Oberst den Chef wahrscheinlich gereizt hatte.

Finck war in Tokai gewesen und hatte dort fünfzig Flaschen Tokaier geholt, echten sogar, sehr zu seinem Erstaunen – er war Wirt, Wirt in einer Weinstadt, und er hatte auch Weinberge, und er wußte, was Wein war. Er traute auch dem Tokaier nicht, den er in Tokai als echten gekauft hatte, einen Koffer und einen Schließkorb voll hatte er davon gekauft. Den Koffer hatte er mitnehmen können, er stand unten im Möbelwagen, aber den Schließkorb hatte er nicht mitnehmen können. In Szentgyörgy hatte er keine Zeit dazu gehabt, sie waren gleich vom Zug aus in den Möbelwagen getrieben worden, kein Protest nützte etwas, kein Hinweis auf Krankheit, der ganze Bahnsteig war abgesperrt gewesen, und es nützte alles nichts, sie mußten in den Möbelwagen hineinmarschieren, der draußen vor dem Bahnhof stand. Manche hatten zu meutern und zu schreien angefangen, aber die Posten schienen stumm und taub zu sein.

Finck hatte Angst um seinen Tokaier – der Chef war ein empfindlicher Mann, was Wein betraf, und er war noch empfindlicher, was das betraf, das er seine Ehre nannte. Es war ziemlich sicher, daß er diesem Oberst sein Wort oder etwas Ähnliches gegeben hatte, daß er am Sonntag mit ihm Tokaier trinken würde. Wahrscheinlich hatte er sogar die Uhrzeit angegeben. Aber es war jetzt schon Donnerstag, wahrscheinlich Freitag früh – es mußte mindestens auf Mitternacht gehen – und sie fuhren jetzt südlich, ziemlich schnell, und es war aussichtslos, daß er Sonntagabend mit dem Wein an Ort und Stelle sein würde. Finck hatte Angst, er hatte Angst vor dem Chef und vor dem Oberst. Dieser Oberst gefiel ihm nicht. Er wußte etwas von diesem Oberst, das er noch niemand gesagt hatte und das er niemals jemand würde sagen können, weil niemand es glauben würde, etwas Widerwärtiges, was Finck nie für möglich gehalten hätte. Er, Finck, hatte es selbst gesehen, ganz deutlich – und er wußte, was es für ihn bedeutete, daß der Oberst nicht wußte, daß er es gesehen hatte. Er mußte jeden Tag ein paarmal zu diesem Oberst ins Zimmer, ihm Essen bringen, etwas zu trinken oder Bücher. Und man behandelte den Oberst mit großer Vorsicht. Einmal war er abends zu dem Oberst gegangen ohne anzuklopfen, da hatte er es gesehen, im Halbdunkel, dieser grauenhafte Ausdruck auf dem Gesicht des blassen Greises – Finck schmeckte das Essen nicht mehr an diesem Abend. Wenn zu Hause ein junger Bursche bei so etwas ertappt wurde, wurde er sofort mit kaltem Wasser übergossen, und es half …

Sie rissen ihn unten wieder am Bein, und er schrie ihnen hinunter, daß er Kanonen gesehen habe, schießende Kanonen, und das Geheul wurde noch stärker unten. Das Mündungsfeuer der Geschütze, an denen sie vorbeigefahren waren, verschwand immer mehr, und die Abschüsse, die erst gräßlich nah gewesen waren, hörten sich jetzt so fern an wie eben die Einschläge, während sie jetzt immer näher an die Einschläge heranfuhren. Sie fuhren wieder an Panzern vorbei, haltenden Kolonnen – und dann kamen wieder Geschütze, es schienen kleinere zu sein, sie standen neben einem Ziehbrunnen, und ihr Mündungsfeuer beleuchtete scharf und knapp diesen finsteren Galgen. Dann kam wieder eine Zeitlang nichts, bis sie wieder an Kolonnen vorbeifuhren, wieder kam nichts – und dann hörte Finck das Schießen der Maschinengewehre. Sie fuhren genau dorthin, wo die Maschinengewehre schossen.

Und sie hielten plötzlich in einem Dorf. Finck kletterte nach unten und stieg mit den anderen aus. Im Dorf herrschte Durcheinander, überall standen Wagen herum, es wurde gebrüllt, Landser rannten über die Straße, und das Schießen der Maschinengewehre wurde immer lauter. Feinhals ging hinter dem kleinen Unteroffizier her, der oben in der Luke gestanden hatte, der seinen schweren Koffer mitschleppte, so klein war und so gebückt ging, daß der Kolben seines Gewehrs über die Erde schleifte. Feinhals knöpfte seine Tasche am Tragegurt fest, machte einen großen Schritt, um den kleinen Unteroffizier einzuholen: »Gib her«, sagte er, »was ist denn da drin?«

»Wein«, sagte der Kleine keuchend, »Wein für unseren Chef.«

»Laß ihn stehen, Unsinn«, sagte Feinhals, »du kannst doch keinen Koffer voll Wein mit nach vorn schleppen.«

Der Kleine schüttelte eigensinnig den Kopf. Er konnte vor Müdigkeit kaum gehen, er wackelte, schüttelte traurig den Kopf und nickte dankend, als Feinhals nach dem Griff packte. Der Koffer erschien Feinhals unwahrscheinlich schwer.

Das Maschinengewehr rechts hatte aufgehört zu schießen, die Panzer schossen jetzt ins Dorf. Es krachte hinter ihnen von zersplitternden Balken, und ein milder Feuerschein beleuchtete sanft die schmutzige, aufgewühlte Straße.

»Schmeiß doch das Ding weg«, sagte Feinhals, »du bist verrückt.«

Der Unteroffizier antwortete ihm nicht; er schien den Griff noch fester zu packen. Hinter ihnen fing ein zweites Haus an zu brennen.

Plötzlich hielt der Leutnant, der vor ihnen ging, und rief: »Stellt euch nahe ans Haus.« Sie gingen nahe an das Haus, vor dem sie hielten. Der kleine Unteroffizier taumelte gegen die Hauswand und hockte sich auf seinen Koffer. Auch links schoß jetzt das Maschinengewehr nicht mehr. Der Leutnant ging ins Haus und kam gleich wieder mit einem Oberleutnant heraus. Feinhals erkannte den Oberleutnant. Sie mußten sich aufstellen, und Feinhals wußte, daß der Oberleutnant nun in diesem rötlichen Dämmer ihre Orden zu erkennen versuchte. Er selbst hatte einen mehr auf der Brust, jetzt einen richtigen, wenigstens das Band davon, das schwarzweißrot seine Brust zierte. ›Gott sei Dank‹, dachte Feinhals, ›daß er wenigstens diesen Orden hat.‹ Der Oberleutnant sah sie einen Augenblick lächelnd an, sagte dann: »Schön«, lächelte wieder, sagte noch einmal: »Schön, nicht wahr?« zu dem Leutnant, der hinter ihm stand. Aber der Leutnant sagte nichts. Sie sahen ihn jetzt genau. Er war klein und blaß, schien nicht mehr sehr jung zu sein, und sein Gesicht war schmutzig und ernst. Er hatte keinen einzigen Orden auf der Brust.

»Herr Brecht«, sagte der Oberleutnant zu ihm, »nehmen Sie zwei Mann zur Verstärkung. Auch Panzerfäuste mit 'raus. Die anderen schicken wir Undolf – vier denke ich –, den Rest halte ich hier.«

»Zwei«, sagte Brecht, »jawohl zwei, und Panzerfäuste mitnehmen.«

»Ganz recht«, sagte der Oberleutnant, »Sie wissen, wo die Dinger liegen.«

»Jawohl.«

»Meldung in einer halben Stunde bitte.«

»Jawohl«, sagte der Leutnant.

Er tippte Feinhals und Finck, die als erste dort standen, auf die Brust, sagte: »Kommen Sie«, wandte sich um und ging sofort los. Sie mußten sich beeilen, ihn einzuholen. Der kleine Unteroffizier schnappte seinen Koffer, Feinhals half ihm, und sie gingen, so schnell sie konnten, hinter dem kleinen Leutnant her. Rechts hinterm Haus bogen sie in eine schmale Gasse ein, die zwischen Hecken und Wiesen ins freie Feld zu führen schien. Dort, wo sie hingingen, war es still, aber hinter ihnen schoß immer noch dieser Panzer regelmäßig ins Dorf, und die kleine Batterie, an der sie zuletzt vorbeigefahren waren, schoß immer noch nach rechts, ungefähr in die Richtung, in die sie jetzt gingen.

Feinhals warf sich plötzlich hin und rief den beiden anderen zu: »Vorsicht.« Es klirrte, als sie den Koffer losließen, und auch der Leutnant vorn warf sich hin. Von vorn, wo sie hinmarschierten, schossen Granatwerfer ins Dorf, sie schossen jetzt schnell hintereinander, es schienen viele zu sein; die Splitter surrten durch die Luft, klatschten gegen die Hauswände, und größere Stücke segelten brummend nicht weit von ihnen vorbei.

»Aufstehn«, rief der Leutnant vorn, »weiter.«

»Moment«, rief Feinhals. Er hatte wieder dieses feine, fast heitere, spröde Klack gehört, und er hatte Angst. Es gab einen ungeheuren Krach, als die Granate in Fincks Koffer schlug – der Deckel des Koffers, der absegelte, verursachte ein wildes Fauchen, schlug zwanzig Meter von ihnen entfernt gegen einen Baum, Scherben rasten wie ein Schwarm irrer Vögel durch die Luft, Feinhals fühlte, wie ihm der Wein in den Nacken spritzte, er duckte sich erschreckt: diese Abschüsse hatte er überhört, es krachte vor ihnen in die Wiese, die oberhalb einer kleinen Böschung lag. Ein Heuschober, der sich schwarz vor dem rötlichen Hintergrund abzeichnete, brach auseinander und fing an zu schwelen, wie Zunder glimmte es in seiner Mitte auf, bleckte sich hoch, bis die Flammen schlugen.

Der Leutnant kam den Hohlweg hinuntergekrochen: »Scheiße«, flüsterte er Feinhals zu, »was ist denn hier los?«

»Er hatte Wein im Koffer«, flüsterte Feinhals. »Hallo«, rief er leise zu Finck hinüber – ein dunkler Klumpen, der geduckt neben dem Koffer lag. Nichts rührte sich. »Verflucht«, sagte der Leutnant leise, »er wird doch nicht ...«

Feinhals kroch die zwei Schritte an Finck heran, stieß mit dem Kopf gegen seinen Fuß, stützte sich auf den Ellenbogen und zog sich näher. Das Licht aus dem brennenden Heuschober erreichte diese Mulde, die wie ein Hohlweg war, nicht, es war finster in der flachen Ausbuchtung, während die Wiese am Rand schon ganz in rötlichem Licht lag. »Hallo«, sagte Feinhals leise. Er roch den starken süßlichen Dunst einer Weinpfütze, zog die Hände zurück, weil sie in Glassplitter packten, tastete vorsichtig, an den Schuhen anfangend, hoch und war erstaunt, wie klein dieser Unteroffizier war; seine Beine waren kurz, sein Körper mager. »Hallo«, rief er leise, »hallo, Kumpel«, aber Finck antwortete nicht. Der Leutnant war herangekrochen und sagte: »Was ist denn?« Feinhals tastete weiter, bis er in Blut packte – das war kein Wein, er zog die Hand zurück und sagte leise: »Ich glaube, er ist tot. Eine große Wunde im Rücken, ganz naß von Blut, haben Sie 'ne Lampe?«

»Meinen Sie, man könnte ...«

»Oder ihn vorn auf die Wiese heben ...«

»Wein«, sagte der Leutnant, »einen Koffer Wein ... was wollte er damit ...«

»Für eine Kantine, glaube ich.«

Finck war nicht schwer. Sie trugen ihn, geduckt gehend, über den Weg, wälzten ihn über die Rasenböschung, bis er oben flach lag, im Licht dunkel und flach. Der Rücken war ganz schwarz von Blut. Feinhals drehte ihn vorsichtig herum – er sah jetzt zum erstenmal das Gesicht, es war zart, sehr zart, schmal, noch etwas feucht vom Schweiß, die dichten schwarzen Haare klebten an der Stirn.

»Mein Gott«, sagte Feinhals.

»Was ist?«

»Er hat ihn vorn in die Brust gekriegt. Einen Splitter so groß wie 'ne Faust.«

»In die Brust?«

»Bestimmt – er muß gekniet haben über seinem Koffer.«

»Unvorschriftsmäßig«, sagte der Leutnant, aber der eigene Witz schien ihm nicht zu schmecken. »Nehmen Sie ihm Soldbuch und Erkennungsmarke ab ...«

Feinhals knöpfte vorsichtig die blutige Bluse auf, tastete zum Hals hin, bis er ein blutiges Stück Blech in der Hand hielt. Auch das Soldbuch fand er sofort, es war in der linken Brusttasche und schien sauber zu sein.

»Verflucht«, sagte der Leutnant hinter ihm, »ist der Koffer schwer – jetzt noch.« Er hatte ihn über den Weg geschleift und zog auch Fincks Gewehr am Riemen hinter sich her. »Haben Sie die Sachen?«

»Ja«, sagte Feinhals.

»Gehn wir weiter.« Der Leutnant schleppte den Koffer an einer Ecke hinter sich her, bis die Mulde aufhörte und es eben wurde, dann flüsterte er Feinhals zu: »Links hinter die Mauer«, und kroch vor. »Schieben Sie den Koffer nach.« Feinhals schob den Koffer nach und kroch langsam die kleine Steigung hinauf. Hinter der Mauer, die quer zu ihrem Weg verlief, konnten sie sich aufrecht stellen, und sie sahen sich jetzt an. Der Feuerschein aus dem Heuschober war stark genug, daß sie sich erkennen konnten, und sie blickten sich einen Augenblick an.

»Wie heißen Sie?« fragte der Leutnant.

»Feinhals.«

»Brecht heiße ich«, sagte der Leutnant. Er lächelte ungeschickt. »Ich muß gestehen, daß ich einen mörderischen Durst habe.« Er beugte sich über den Koffer, zog ihn auf den dichten Rasenstreifen und kippte ihn vorsichtig aus. Es klirrte und klatschte leise. »Menschenskind«, sagte der Leutnant und hob eine unversehrte kleine Flasche auf: »Tokaier«, das Etikett war blutbeschmiert und naß von Wein. Feinhals sah zu, wie der Leutnant vorsichtig die Scherben aussortierte – fünf oder sechs Flaschen schienen noch heil zu sein. Brecht zog sein Taschenmesser und öffnete eine. Er trank. »Wunderbar«, sagte er, als er die Flasche absetzte. »Wollen Sie?«

»Danke«, sagte Feinhals. Er nahm die Flasche und trank einen Schluck, es war ihm zu süß, er gab die Flasche zurück und sagte noch einmal »Danke«.

Die Granatwerfer schossen wieder ins Dorf, weiter weg jetzt, und plötzlich schoß wieder ein Maschinengewehr ganz nahe vor ihnen. »Gott sei Dank«, sagte Brecht, »ich dachte schon, sie wären auch futsch.«

Er trank die Flasche leer, ließ sie in den Hohlweg hineinkullern. »Wir müssen links an dieser Mauer vorbei.«

Der Schober brannte jetzt lichterloh, aber die unterste Schicht glimmte nur noch. Funken sprühten.

»Sie sehen ganz vernünftig aus«, sagte der Leutnant.

Feinhals schwieg.

»Ich meine«, sagte der Leutnant und fing an, die zweite Flasche aufzumachen, »ich meine, vernünftig genug, um zu wissen, daß dies ein Scheißkrieg ist.«

Feinhals schwieg.

»Wenn ich sage Scheißkrieg«, sagte der Leutnant, »so meine ich, daß ein Krieg, den man gewinnt, kein Scheißkrieg ist, und dies hier – meine ich – ist ein sehr, sehr schlechter Krieg.«

»Ja«, sagte Feinhals. »Es ist ein sehr, sehr schlechter Krieg.« Das heftige Schießen des Maschinengewehrs so nahe vor ihnen machte ihn nervös.

»Wo ist das MG?« fragte er leise.

»Da, wo diese Mauer zu Ende ist – es ist ein Gutshof – wir stehen jetzt davor –, das MG ist dahinter ...«

Das Maschinengewehr schoß noch ein paarmal kurze scharfe Feuerstöße, dann schoß es nicht mehr. Dann schoß ein russisches Maschinengewehr, dann hörten sie Gewehrschüsse, und wieder schossen das deutsche und das russische MG zusammen. Und plötzlich war es still.

»Scheiße«, sagte der Leutnant.

Der Schober fing an, in sich zusammenzusacken, die Flammen schlugen nicht mehr hoch, es knisterte leise, und die Dunkelheit fiel tiefer. Der Leutnant hielt Feinhals eine Flasche hin. Feinhals schüttelte den Kopf. »Danke, mir zu süß«, sagte er.

»Sind Sie schon lange Infanterist?« fragte der Leutnant.

»Ja«, sagte Feinhals, »vier Jahre.«

»Menschenskind«, sagte der Leutnant, »das Dumme ist, daß ich nicht viel Ahnung von Infanterie habe – nicht praktisch, und es käme mir blöd vor, wenn ich das Gegenteil behaupten würde. Ich habe eine zweijährige Ausbildung als Nachtjäger hinter mir – eben abgeschlossen – meine Ausbildung hat den Staat einige nette Einfamilienhäuser gekostet, damit ich mir jetzt als Infanterist die Hucke vollmachen lasse, meine Seele aushauche, um nach Walhall zu fahren. Scheiße, nicht wahr?« Er trank wieder.

Feinhals schwieg.

»Was macht man praktisch, wenn der Gegner überlegen ist«, fuhr der Leutnant hartnäckig fort. »Vor zwei Tagen waren wir zwanzig Kilometer von hier, und es hieß immer, wir weichen nicht. Aber wir sind gewichen, ich kenne die Vorschrift zu genau, die heißt: der deutsche Infanterist weicht nicht von der Stelle, läßt sich totschlagen – so ähnlich, glaube ich, aber ich bin nicht blind und nicht taub. Ich bitte Sie«, fragte er ernst, »was machen wir?«

»Wahrscheinlich stiftengehen«, sagte Feinhals.

»Ausgezeichnet«, sagte der Leutnant. »Stiftengehen. Ausgezeichnet – stiftengehen«, lachte er leise. »Unser gutes preußisches Reglement hat eine Lücke: Rückzug ist in der Ausbildung gar nicht vorgesehen, deshalb müssen wir ihn jetzt praktisch so gut durchüben. Ich glaube, unser Reglement ist das einzige, das nichts von Rückzug enthält, nur hinhaltenden Widerstand, aber diese Brüder lassen sich nicht länger hinhalten. Kommen Sie«, sagte er. Er stopfte sich zwei Flaschen in die Rocktaschen. »Kommen Sie, wir gehen wieder in diesen schönen Krieg. Mein Gott«, sagte er, »schleppte dieser arme Kerl den Wein hierher – dieser arme Kerl …«

Feinhals folgte ihm langsam. Als sie um die Mauerecke bogen, hörten sie, daß Männer ihnen entgegengelaufen kamen. Man hörte die Schritte sehr deutlich, nahe schon. Der Leutnant sprang hinter die Mauerecke zurück, nahm seine Maschinenpistole unter den Arm und flüsterte Feinhals zu: »Ich glaube, es gibt für achtzehn Pfennig Blech an die Brust zu verdienen.« Aber Feinhals sah, daß er zitterte. »Verflucht«, flüsterte der Leutnant, »jetzt wird's ernst, jetzt gibt's Krieg.«

Die Schritte kamen näher, die Männer liefen jetzt nicht mehr.

»Unsinn«, sagte Feinhals leise, »es sind keine Russen.«

Der Leutnant schwieg.

»Ich wüßte nicht, warum die laufen sollten – und so laut …«

Der Leutnant schwieg.

»Es sind Ihre Leute«, sagte Feinhals. Die Schritte waren jetzt ganz nahe.

Obwohl sie an den Umrissen erkannten, daß es Deutsche waren mit ihren Stahlhelmen, die um die Ecke bogen, rief der Leutnant leise: »Halt. Parole?« Die Männer erschraken; Feinhals sah, wie sie stockten und zusammenzuckten. »Scheiße«, sagte einer. »Parole Scheiße.«

»Tannenberg«, sagte eine andere Stimme.

»Verflucht«, sagte der Leutnant, »was wollt ihr hier? Kommt schnell hinter die Mauer. Einer bleibt an der Ecke und horcht.«

Feinhals war erstaunt, wie viele es waren. Er versuchte, sie im Dunkeln zu zählen, es schienen sechs oder sieben zu sein. Sie setzten sich auf den Grasstreifen. »Das ist Wein«, sagte der Leutnant, tastete nach den Flaschen und reichte sie weiter. »Teilt ihn euch.«

»Prinz«, sagte er, »Feldwebel Prinz, was ist los?«

Prinz war der, der an der Ecke stehengeblieben war. Feinhals sah im Dunkeln seine Orden schillern, als er sich umwandte.

»Leutnant«, sagte Prinz, »das ist doch Unsinn hier. Links und rechts sind sie schon an uns vorbei, und Sie wollen mir doch nicht weismachen, daß hier, ausgerechnet hier, an diesem dreckigen Gutshof, ausgerechnet hier, wo unser MG steht, die Front zum Stehen gebracht werden soll, Leutnant, die Front ist ein paar hundert Kilometer breit und rutscht jetzt schon eine ganze Weile – und ich glaube nicht, daß diese hundertfünfzig Meter hier dazu bestimmt sind, ein Ritterkreuz einzubringen – es ist Zeit, daß wir wegkommen, sonst hängen wir mittendrin, und keine Sau kümmert sich um uns …«

»Irgendwo muß ja nun die Front zum Stehen kommen – seid ihr alle da?«

»Ja«, sagte Prinz, »alle da – ich glaube nicht, daß man mit Urlaubern und Genesenden eine Front zum Stehen bringt. Übrigens, der kleine Genzki ist verwundet – hat einen Durchschuß – Genzki«, rief er leise, »wo bist du?«

Eine schmale Gestalt löste sich von der Mauer.

»Gut«, sagte der Leutnant, »Sie gehen zurück, Feinhals, gehn Sie mit, der Verbandplatz ist da, wo Ihr Omnibus gehalten hat. Melden Sie dem Chef, daß ich das MG dreißig Meter zurückgenommen habe – und bringen Sie Panzerfäuste mit – geben Sie noch einen Mann mit, Prinz.«

»Wecke«, sagte Prinz, »geh mit. Seid ihr auch mit dem Möbelwagen gekommen?« fragte er Feinhals.

»Ja.«

»Wir auch.«

»Los«, sagte der Leutnant, »gehen Sie, geben Sie das Soldbuch dem Chef ab …«

»Einer tot?« fragte Prinz.

»Ja«, sagte der Leutnant ungeduldig. »Los, gehen Sie.«

Feinhals ging langsam mit den beiden ins Dorf. Jetzt schossen mehrere Panzer vom Süden und Osten hinein. Links vor ihnen, wo die Hauptstraße ins Dorf führte, hörten sie wüstes Geknalle, Schreien, und sie blieben einen Augenblick stehen und sahen sich an.

»Prachtvoll«, sagte der Kleine mit dem verwundeten Arm.

Sie gingen schnell weiter, aber als sie aus dem Hohlweg heraus waren, rief eine Stimme: »Parole?«.

»Tannenberg«, brummten sie.

»Brecht? Kampfgruppe Brecht?«

»Ja«, rief Feinhals.

»Zurück! Alles sofort zurück ins Dorf, auf der Hauptstraße sammeln.«

»Lauf zurück«, sagte Wecke zu Feinhals, »lauf du zurück ...«

Feinhals lief den Hohlweg hinunter, wieder hinauf und rief auf halber Höhe: »Hallo, Leutnant Brecht!«

»Was ist los?«

»Alles zurück – alles ins Dorf, auf der Hauptstraße sammeln ...«

Sie gingen alle zusammen langsam zurück.

Der rote Möbelwagen war schon wieder fast voll. Feinhals kletterte langsam die Rampe hinauf, setzte sich vorn hin, lehnte sich mit dem Rücken an und versuchte zu schlafen. Das wilde Knallen kam ihm irgendwie lächerlich vor – er hörte jetzt, daß es deutsche Panzer waren, die die Straße frei zu halten versuchten. Sie knallten viel zuviel, überhaupt wurde in diesem Krieg mehr geknallt, als notwendig war, aber wahrscheinlich gehörte es zu diesem Krieg. Es waren jetzt alle eingestiegen bis auf einen Major, der Orden verteilte, und die paar Mann, an die er die Orden verteilte. Ein Feldwebel, ein Unteroffizier und drei Landser standen vor dem grauhaarigen kleinen Major, der keine Kopfbedekkung trug und ihnen hastig die Kreuze und die Urkunden überreichte. Zwischendurch schrie er immer wieder: »Dr. Greck – Oberleutnant Dr. Greck.« Dann schrie er: »Brecht, wo ist Leutnant Brecht?« Aus dem Innern des Möbelwagens schrie Brecht: »Jawohl!«, kam dann langsam nach vorn, legte die Hand an die Mütze und rief, vorn auf der Rampe stehend: »Leutnant Brecht, Herr Major.« – »Wo ist Ihr Kompaniechef?« fragte der Major. Der Major sah nicht wütend, aber ärgerlich aus. Die Soldaten, die er ausgezeichnet hatte, erstiegen langsam die Rampe und drückten sich an Brecht vorbei ins Innere.

Und der Major stand ganz allein auf der Dorfstraße mit seinem EK I in der Hand, und Brecht machte ein sehr törichtes Gesicht und sagte: »Keine Ahnung, Herr Major. Herr Dr. Greck gab mir soeben noch den Befehl, die Kompanie zur Sammelstelle zu führen, er mußte –«, Brecht schwieg und druckste: »Dr. Greck litt an einer schweren Kolik ...«

»Greck!« schrie der Major ins Dorf. »Greck!« er wandte sich kopfschüttelnd ab, sagte zu Brecht: »Ihre Kompanie hat sich ausgezeichnet geschlagen – aber wir müssen 'raus ...«

Ein zweiter deutscher Panzer knallte von der Straße vor ihnen 'raus nach rechts, und die kleine Batterie hinten schien geschwenkt zu haben, sie schoß dorthin, wo die Panzer hinschossen. Im Dorf brannten jetzt viele Häuser – auch die Kirche, die mitten im Dorf stand und alle Häuser überragte, war erfüllt von einer rötlichen Transparenz. Der Motor des Möbelwagens fing an zu brummen. Der Major stand unschlüssig am Straßenrand und schrie dem Fahrer des Möbelwagens zu: »Abfahren ...«

Feinhals schlug das Soldbuch auf und las: »Finck, Gustav, Unteroffizier, Zivilberuf: Gastwirt, Wohnort: Heidesheim –.«

›Heidesheim‹, dachte Feinhals – er erschrak. Heidesheim lag drei Kilometer von seiner Heimat entfernt, und er kannte die Gaststube mit dem bräunlichen gemalten Schild ›Fincks Weinstuben seit 1710‹. Er war oft da vorbeigefahren, aber nie eingekehrt – die Tür wurde ihm vor der Nase zugeschlagen, und der rote Möbelwagen fuhr ab.

Greck versuchte immer wieder, aufzustehen und zum Dorfausgang zu laufen, wo man auf ihn wartete, aber er konnte nicht mehr. Wenn er sich erhob, zwang ihn ein bohrender Leibschmerz, den Bauch zu krümmen, und er spürte den Drang, Stuhlgang zu lassen – er hockte sich an die kleine Mauer, die die Jauchegrube einfaßte: der Stuhlgang kam nur in winzigen, kaum eßlöffelgroßen Portionen, während der Drang in seinem gequälten Leib riesengroß war; er konnte nicht richtig sitzen, die einzig erträgliche Position war die, vollkommen gekrümmt dazuhocken und eine geringe Linderung zu spüren, wenn der Stuhlgang in kleinen Portionen seinen Darm verließ – in diesen Augenblicken schöpfte er Hoffnung, Hoffnung, der Krampf könnte vorüber sein, aber er war nur für diesen Augenblick vorüber. Dieser bohrende Krampf lähmte ihn so, daß er nicht gehen konnte, nicht einmal langsam hätte kriechen können, die einzige Möglichkeit, sich fortzubewegen, wäre die gewesen, sich vornüber fallen zu lassen und mit den Händen sich mühsam vorwärtszuziehen, aber auch dann wäre er nicht mehr rechtzeitig gekommen. Es waren noch dreihundert Meter bis zur Abfahrtsstelle, und durch das Geknalle hörte er manchmal, wie Major Krenz seinen Namen rief – aber es war ihm jetzt schon fast alles gleichgültig: er hatte Leibschmerzen, sehr, sehr heftige Leibschmerzen. Er hielt sich an der Mauer fest, während sein nacktes Gesäß fror und in seinem Darm sich dieser wühlende Schmerz immer neu bildete wie langsam sich ansammelnder Explosionsstoff, der ungeheuerlich wirken würde, aber dann nur winzig blieb, sich immer wieder ansammelte, immer wieder die endgültige Befreiung zu bringen versprach, sich aber auf die Freigabe eines winzigen Bröckchens Stuhlgang beschränkte ...

Die Tränen liefen ihm übers Gesicht: er dachte an nichts mehr, was mit diesem Krieg zu tun hatte, obwohl rings um ihn die Granaten einschlugen und er deutlich hörte, wie die Wagen das Dorf verließen. Sogar die Panzer zogen sich auf die Straße zurück und bewegten sich schießend zur Stadt hin, er hörte alles, es war sehr plastisch, und die Einkreisung des Dorfes stellte sich ihm deutlich dar. Aber der Schmerz in seinem Bauch war größer, näher, wichtiger, ungeheuerlich, und er dachte an diesen Schmerz, der nicht nachließ, ihn lähmte – und in wilder, grinsender Prozession zogen alle Ärzte an ihm vorüber, die er jemals wegen seines schmerzhaften Leidens zu Rate gezogen, angeführt von seinem widerwärtigen Vater, sie kreisten ihn ein, die hoffnungslosen Köpfe, die ihm nie deutlich zu sagen gewagt hatten, daß seine Krankheit einfach auf anhaltenden Nahrungsmangel in seiner Jugend zurückzuführen war.

Eine Granate schlug in die Jauchegrube, eine Welle ergoß sich über ihn und tränkte ihn völlig mit dieser widerlichen Flüssigkeit, er schmeckte sie auf seinen Lippen und weinte heftiger, bis er merkte, daß das Gehöft unter direktem Beschuß der Panzer lag. Die Geschosse pufften haarscharf an ihm vorbei, über ihn hin, unglaublich harte Bälle, die einen ungeheuren Sog verursachten. Scheiben klirrten hinter ihm, Fachwerk spritzte auseinander, und im Hause schrie eine Frau auf, Lehmbrocken und Balkensplitter flogen um ihn herum. Er ließ sich fallen, duckte sich hinter die Mauer, die die Jauchegrube einfaßte, und knöpfte vorsichtig seine Hose zu. Obwohl sein Darm immer noch konvulsivisch winzige Mengen des ungeheuren Schmerzes freigab – er kroch langsam den kleinen abschüssigen Steinweg hinunter, um aus dem Bereich des Hauses zu kommen. Seine Hose war zu. Aber er konnte nicht mehr weiterkriechen, der Schmerz lähmte ihn, er blieb liegen – und für Augenblicke kreiste sein ganzes Leben vor ihm – ein Kaleidoskop unsagbar eintöniger Qualen und Demütigungen. Nur die Tränen erschienen ihm wichtig und wirklich, die heftig über sein Gesicht herab in den Dreck flossen, diesen Dreck, den er auf seinen Lippen schmeckte – Stroh, Jauche,

Schmutz und Heu. Er weinte noch, als ein Geschoß den Stützbalken einer Scheunenüberdachung durchschlug und das große hölzerne Gehäuse mit seinen Ballen gepreßten Strohs ihn unter sich begrub.

7

Der grüne Möbelwagen hatte einen ausgezeichneten Motor. Die beiden Männer vorn im Führerhaus, die sich am Steuerrad abwechselten, sprachen nicht viel miteinander, aber wenn sie miteinander sprachen, sprachen sie fast nur von dem Motor. »Dolles Ding«, sagten sie hin und wieder, schüttelten erstaunt die Köpfe und lauschten gebannt diesem starken, dunklen, sehr regelmäßigen Brummen, in dem kein falscher oder beunruhigender Ton aufkam. Die Nacht war warm und dunkel, und die Straße, auf der sie unentwegt nördlich fuhren, war manchmal verstopft von Heeresfahrzeugen, Pferdefuhrwerken, und es geschah ein paarmal, daß sie plötzlich bremsen mußten, weil sie marschierende Kolonnen zu spät erkannten und fast hineingefahren wären in diese merkwürdig formlose Masse dunkler Gestalten, deren Gesichter sie mit ihrem Scheinwerfer anstrahlten. Die Straßen waren schmal, zu schmal, um Möbelwagen, Panzer, marschierende Kolonnen aneinander vorbeizulassen, aber je weiter sie nördlich kamen, um so leerer wurde die Straße, und sie konnten lange Zeit unbehelligt den grünen Möbelwagen auf Höchsttouren laufen lassen: die Lichtkegel ihrer Scheinwerfer beleuchteten Bäume und Häuser, schossen manchmal in einer Kurve in ein Feld, ließen scharf und klar die Pflanzen herausspringen, Maisstauden oder Tomaten. Zuletzt blieb die Straße leer, die Männer gähnten nun, und sie hielten irgendwo in einem Dorf auf einer Nebenstraße, um eine Rast zu machen; sie packten ihre Brotbeutel aus, schlürften den heißen und sehr starken Kaffee aus ihren

Feldflaschen, öffneten dünne, runde Blechbüchsen, aus denen sie Schokolade nahmen, und schmierten sich in aller Ruhe Butterbrote, sie öffneten ihre Butterdosen, rochen am Inhalt, schmierten dick die Butter aufs Brot, bevor sie große Scheiben Wurst darüberwarfen, die Wurst war rot und mit Pfefferkörnern durchsetzt. Die Männer aßen gemütlich. Ihre grauen und müden Gesichter belebten sich, und der eine, der jetzt links saß und zuerst fertig war, zündete sich eine Zigarette an und nahm einen Brief aus der Tasche; er entfaltete ihn und nahm aus den Falten des Papiers ein Foto: das Foto zeigte ein reizendes kleines Mädchen, das mit einem Kaninchen auf einer Wiese spielte. Er hielt das Bild dem hin, der neben ihm saß, und sagte: »Guck mal, nett, nicht wahr – meine Kleine«, er lachte, »ein Urlaubskind.« Der andere antwortete kauend, starrte auf das Bild und murmelte: »Nett – Urlaubskind? – wie alt ist sie denn?«

»Drei Jahre.«

»Hast du kein Bild von deiner Frau?«

»Doch.« Der links saß, nahm seine Brieftasche heraus – stockte aber plötzlich und sagte:

»Hör mal, die sind wohl verrückt geworden –.« Aus dem Inneren des grünen Möbelwagens kamen ein sehr heftiges dunkles Gemurmel und die schrillen Schreie einer Frauenstimme.

»Mach mal Ruhe«, sagte der, der am Steuer saß.

Der andere öffnete die Wagentür und blickte auf die Dorfstraße hinaus – es war warm und dunkel draußen, und die Häuser waren unbeleuchtet, es roch nach Mist, sehr stark nach Kuhmist, und in einem der Häuser bellte ein Hund. Der Mann stieg aus, fluchte leise über den tiefen und weichen Dreck der Dorfstraße und ging langsam um den Wagen herum. Draußen war das Gemurmel nur sehr schwach zu hören, es war eher wie ein sanftes Brummen im Inneren eines Kastens, aber jetzt bellten schon zwei Hunde im Dorf, dann drei, und irgendwo wurde ein Fenster plötzlich hell, und die Silhouette eines Mannes wurde sichtbar.

Der Fahrer – er hieß Schröder – hatte keine Lust, die schweren Polstertüren hinten zu öffnen, es schien ihm nicht der Mühe wert, er nahm seine Maschinenpistole und schlug ein paarmal heftig mit dem stählernen Griff gegen die Wand des Möbelwagens, es wurde sofort still. Dann sprang Schröder auf den Reifen, um nachzusehen, ob der Stacheldraht über der verschlossenen Luke noch fest war. Der Stacheldraht war noch fest.

Er ging ins Fahrerhaus zurück: Plorin war mit dem Essen fertig, trank jetzt Kaffee und rauchte und hatte das Bild des dreijährigen Mädchens mit dem Kaninchen vor sich liegen. »Wirklich ein nettes Kind«, sagte er und hob für einen Augenblick seinen Kopf. »Sie sind jetzt still – hast du kein Bild von deiner Frau?«

»Doch.« Schröder nahm jetzt seine Brieftasche wieder heraus, schlug sie auf und entnahm ihr ein zerschlissenes Foto: das Foto zeigte eine kleine, etwas breit gewordene Frau in einem Pelzmantel. Die Frau lächelte töricht, ihr Gesicht war etwas ältlich und müde, und man hätte glauben können, daß die schwarzen Schuhe mit den viel zu hohen Absätzen ihr Schmerzen bereiteten. Ihr dichtes und schweres dunkelblondes Haar lag in Dauerwellen. »Hübsche Frau«, sagte Plorin. – »Fahren wir weiter.«

»Ja«, sagte Schröder, »mach voran.« Er warf noch einen Blick hinaus: es bellten jetzt viele Hunde im Dorf, und viele Fenster waren erleuchtet, und die Leute riefen sich irgend etwas im Dunkeln zu.

»Los«, sagte er und warf die Wagentür fest zu, »mach voran.«

Plorin fing an zu schalten, der Motor sprang sofort an; Plorin ließ ihn ein paar Sekunden laufen, gab dann Gas, und langsam schob sich der grüne Möbelwagen auf die Landstraße. »Ganz dolles Ding«, sagte Plorin, »ganz dolles Ding, dieser Motor.«

Das Geräusch des Motors erfüllte das ganze Führerhaus, ihre Ohren waren voll von diesem Summen, aber als sie ein

Stück weitergefahren waren, hörten sie doch wieder dieses dunkle Gemurmel aus dem Inneren des Wagens. »Sing etwas«, sagte Plorin zu Schröder.

Schröder sang. Er sang laut und kräftig, nicht sehr schön und nicht ganz richtig, aber mit inniger Teilnahme. Die gefühlvollen Stellen der Lieder sang er besonders innig, und man hätte an manchen Stellen annehmen können, er würde weinen, so gefühlvoll sang er, aber er weinte nicht. Ein Lied, das ihm besonders zu gefallen schien, war ›Heidemarie‹, es schien sein Lieblingslied zu sein. Er sang fast eine ganze Stunde lang sehr laut, und nach einer Stunde wechselten die beiden ihre Plätze, und jetzt sang Plorin.

»Gut, daß der Alte uns nicht singen hört«, sagte Plorin lachend. Auch Schröder lachte, und Plorin sang wieder. Er sang fast dieselben Lieder, die Schröder gesungen hatte, aber er sang offenbar am liebsten ›Graue Kolonnen‹, er sang dieses Lied am häufigsten, er sang es langsam, er sang es schnell, und die besonders schönen Stellen, an denen die Trostlosigkeit und Größe des Heldenlebens am deutlichsten herauskommen, diese Stellen sang er besonders langsam und betont und manchmal mehrmals hintereinander. Schröder, der jetzt am Steuer saß, blickte starr auf die Straße, ließ den Wagen auf Höchsttouren laufen und pfiff leise mit. Sie hörten jetzt nichts mehr aus dem Inneren des grünen Möbelwagens.

Es wurde langsam kühl vorn, sie schlugen sich die Dekken um die Beine und tranken während der Fahrt hin und wieder einen Schluck Kaffee aus ihren Flaschen. Sie hatten aufgehört zu singen, aber im grünen Möbelwagen drin war es jetzt still. Es war überhaupt still; alles schlief draußen, die Landstraße war leer und naß, es schien geregnet zu haben hier, und die Dörfer, durch die sie fuhren, waren wie tot. Sie leuchteten kurz in der Dunkelheit auf, einzelne Häuser, manchmal eine Kirche an der Hauptstraße – für einen Augenblick tauchten sie aus der Dunkelheit hoch und wurden hinter ihnen gelassen.

Morgens gegen vier machten sie die zweite Pause. Sie waren jetzt beide müde, ihre Gesichter grau und schmal und verschmutzt, und sie sprachen kaum noch miteinander; die Stunde, die sie noch zu fahren hatten, kam ihnen unendlich vor. Sie hielten nur kurz an der Straße, wuschen sich mit etwas Schnaps durchs Gesicht, aßen widerwillig ihre Butterbrote und spülten den Rest des Kaffees hinterher. Sie aßen den Rest der erfrischenden Schokolade aus ihren schmalen Blechbüchsen und steckten sich Zigaretten an. Es war ihnen wohler, als sie weiterfuhren, und Schröder, der jetzt wieder am Steuer saß, pfiff leise vor sich hin, während Plorin, in eine Decke eingewickelt, schlief. Im Inneren des grünen Möbelwagens war es ganz still.

Es fing leise an zu regnen, und es dämmerte, als sie von der Hauptstraße abbogen, sich durch die engen Gassen eines Dorfes ins freie Feld wühlten und langsam durch einen Wald zu fahren begannen. Nebel stieg auf, und als der Wagen aus dem Wald herausfuhr, kam eine Wiese, auf der Baracken standen, und wieder kam ein kleiner Wald, eine Wiese, und der Wagen hielt und hupte heftig vor einem großen Tor, das aus Balken und Stacheldraht bestand. Neben dem Tor waren ein schwarzweißrotes Schilderhaus und ein großer Wachtturm, auf dem ein Mann mit Stahlhelm an einem MG stand. Die Tür wurde vom Posten geöffnet, der Posten grinste ins Fahrerhaus hinein, und der grüne Möbelwagen fuhr langsam in die Umzäunung.

Der Fahrer stieß seinen Nachbarn an, sagte zu ihm: »Wir sind da«, und sie öffneten das Fahrerhaus und stiegen mit ihrem Gepäck aus.

Im Walde zwitscherten die Vögel, die Sonne kam im Osten herauf und beleuchtete die grünen Bäume. Sanfter Dunst lag über allem.

Schröder und Plorin gingen müde auf eine Baracke zu, die hinter dem Wachtturm stand. Als sie die paar Stufen zur Baracke hinaufstiegen, sahen sie eine ganze Kolonne abfahrbereiter Wagen auf der Lagerstraße stehen. Im Lager war es still, nichts bewegte sich, nur die Kamine des Krematoriums qualmten heftig.

Der Oberscharführer hockte an einem Tisch und war eingeschlafen. Die beiden Männer grinsten ihn müde an, als er aufschreckte, und sagten: »Wir sind da.«

Er erhob sich, reckte sich und sagte gähnend: »Gut«, er steckte sich schläfrig eine Zigarette an, strich sich durchs Haar, setzte seine Mütze auf, rückte das Koppel gerade und warf einen Blick in den Spiegel und rieb sich den Dreck aus den Augenwinkeln.

»Wieviel sind es?« fragte er.

»Siebenundsechzig«, sagte Schröder; er warf einen Pakken Papier auf den Tisch.

»Der Rest?«

»Ja – der Rest«, sagte Schröder. »Was gibt's Neues?«

»Wir hauen ab – heute abend.«

»Sicher?«

»Ja – die Luft wird zu heiß.«

»Wohin?«

»Richtung Großdeutschland, Abteilung Ostmark.«

Der Oberscharführer lachte. »Geht schlafen«, sagte er, »es wird wieder eine anstrengende Nacht; wir fahren pünktlich heute abend um sieben.«

»Und das Lager?« fragte Plorin.

Der Scharführer nahm seine Mütze ab, kämmte sich sorgfältig und legte mit der rechten Hand seine Tolle zurecht. Er war ein hübscher Bursche, braunhaarig und schmal. Er seufzte.

»Das Lager«, sagte er, »es gibt kein Lager mehr – bis heute abend wird's kein Lager mehr geben – es ist leer.«

»Leer?« fragte Plorin; er hatte sich gesetzt und strich langsam mit seinem Ärmel über die Maschinenpistole, die feucht geworden war.

»Leer«, sagte der Oberscharführer, er grinste leicht, zuckte die Schultern, »ich sage euch, das Lager ist leer – genügt euch das nicht?«

»Abtransportiert?« fragte Schröder, der schon an der Tür stand.

»Verflucht«, sagte der Scharführer, »laßt mich endlich in Frieden, ich sagte leer, nicht abtransportiert – bis auf den Chor«, er grinste. »Der Alte ist ja verrückt mit seinem Chor. Paßt auf, er schleppt ihn wieder mit ...«

»Ach so«, sagten die beiden zusammen, »ach so –«, und Schröder fügte hinzu: »Der Alte ist wirklich verrückt mit seiner Singerei.« Sie lachten alle drei.

»Also wir gehen«, sagte Plorin, »ich lasse die Kiste stehen, ich kann nicht mehr.«

»Laß sie stehen«, sagte der Oberscharführer, »Willi kann sie wegfahren.«

»Also – wir sind weg ...« Die beiden Fahrer gingen hinaus.

Der Oberscharführer nickte und trat ans Fenster und blickte auf den grünen Möbelwagen, der auf der Lagerstraße stand, da, wo die fahrbereite Kolonne anfing. Das Lager war ganz still. Der grüne Möbelwagen wurde erst eine Stunde später geöffnet, als Obersturmführer Filskeit ins Lager kam. Filskeit war schwarzhaarig, mittelgroß, und sein blasses und intelligentes Gesicht strömte ein Fluidum von Keuschheit aus. Er war streng, sah auf Ordnung und duldete keinerlei Unkorrektheit. Er handelte nur nach den Vorschriften. Er nickte, als der Posten ihn grüßte, warf einen Blick auf den grünen Möbelwagen und trat in die Wachstube. Der Oberscharführer grüßte und meldete.

»Wieviel sind es?« fragte Filskeit.

»Siebenundsechzig, Herr Obersturmführer.«

»Schön«, sagte Filskeit, »ich erwarte sie in einer Stunde zum Singen.« Er nickte lässig, verließ die Wachstube wieder und ging über den Lagerplatz. Das Lager war viereckig, ein Quadrat aus vier mal vier Baracken mit einer kleinen Lücke an der Südseite, dort, wo das Tor war. An den Ecken waren Wachttürme. In der Mitte standen Küchenbaracken, eine Klobaracke, und in der einen Ecke des Lagers neben dem südöstlichen Wachtturm war das Bad, neben dem Bad das Krematorium. Das Lager war vollkommen still, nur einer der Posten – es war der auf dem nordöstlichen Wachtturm – sang leise etwas vor sich hin, sonst war vollkommene Stille. Aus der Küchenbaracke stieg jetzt dünner blauer Rauch auf, und aus dem Krematorium kam dicker schwarzer Qualm, der zum Glück südlich abzog; das Krematorium qualmte schon lange in dichten heftigen Schwaden – Filskeit überblickte alles, nickte und ging in seinen Dienstraum, der neben der Küche lag. Er warf seine Mütze auf den Tisch und nickte befriedigt: alles war in Ordnung. Er hätte lächeln können bei diesem Gedanken, aber Filskeit lächelte nie. Er fand das Leben sehr ernst, den Dienst noch ernster, aber am ernstesten die Kunst.

Obersturmführer Filskeit liebte die Kunst, die Musik. Er war mittelgroß, schwarzhaarig, und manche fanden sein blasses, intelligentes Gesicht schön, aber das kantige und zu große Kinn zog den zarten Teil seines Gesichts zu sehr nach unten und gab seinem intelligenten Gesicht den Ausdruck einer ebenso erschreckenden wie überraschenden Brutalität.

Filskeit war früher einmal Musikstudent gewesen, aber er liebte die Musik zu sehr, um jene Spur von Nüchternheit aufzubringen, die dem Professional nicht fehlen darf: er wurde Bankbeamter und blieb ein leidenschaftlicher Liebhaber der Musik. Sein Steckenpferd war der Chorgesang.

Er war ein fleißiger und ehrgeiziger Mensch, sehr zuverlässig, und er hatte es als Bankbeamter sehr bald zum Abteilungsleiter gebracht. Aber seine wirkliche Leidenschaft galt der Musik, dem Chorgesang. Zuerst dem reinen Männergesang.

In einer Zeit, die schon sehr lange zurücklag, war er Chorleiter des MGV Concordia gewesen, damals war er achtundzwanzig, aber das war fünfzehn Jahre her – und man hatte ihn zum Chorleiter erwählt, obwohl er Laie war. Man hätte keinen Berufsmusiker finden können, der leidenschaftlicher und genauer die Ziele des Vereins gefördert hätte. Es war faszinierend, sein blasses, leise zuckendes Gesicht zu sehen und seine schmalen Hände, wenn er den Chor dirigierte. Die Sangesbrüder fürchteten ihn wegen seiner Genauigkeit, kein falscher Ton entging ihm, er brach in Raserei aus, wenn jemandem eine Schlampigkeit unterlief, und es war eine Zeit gekommen, in der diese biederen und braven Sänger seiner Strenge und seines unermüdlichen Fleißes überdrüssig wurden und einen anderen Chorleiter wählten. Gleichzeitig hatte er den Kirchenchor seiner Pfarre geleitet, obwohl die Liturgie ihm nicht zusagte. Aber damals hatte er nach jeder Möglichkeit gegriffen, einen Chor unter seine Hände zu bekommen. Der Pfarrer wurde im Volk der ›Heilige‹ genannt, es war ein milder, etwas törichter Mann, der gelegentlich sehr streng aussehen konnte: weißhaarig schon und alt, und von Musik verstand er nichts. Aber er wohnte immer den Chorproben bei, und manchmal lächelte er leise, und Filskeit haßte dieses Lächeln: es war das Lächeln der Liebe, einer mitleidigen, schmerzlichen Liebe. Auch wurde manchmal das Gesicht des Pfarrers streng, und Filskeit fühlte, wie sein Widerwille gegen die Liturgie gleichzeitig mit seinem Haß gegen dieses Lächeln stieg. Dies Lächeln des ›Heiligen‹ schien zu sagen: zwecklos – zwecklos – aber ich liebe dich. Er wollte nicht geliebt werden, und er haßte diese kirchlichen Gesänge und das Lächeln des Pfarrers immer mehr, und als die Concordia ihn wegschickte, verließ er den Kirchenchor. Er dachte oft an dieses Lächeln, diese schemenhafte Strenge und diesen ›jüdischen‹ Liebesblick, wie er es nannte, der ihm zugleich nüchtern und liebevoll erschien, und es bohrte in seiner Brust von Haß und Qual …

Nachfolger wurde ein Studienrat, der gern gute Zigarren rauchte, Bier trank und sich schmutzige Witze erzählen ließ. All dies hatte Filskeit verabscheut: er rauchte nicht, trank nicht und hatte für Frauen nichts übrig.

Angezogen vom Rassegedanken, der seinen geheimen

Idealen entsprach, trat er bald darauf in die Hitler-Jugend ein, anvancierte dort schnell zum Singleiter eines Gebietes, schuf Chöre, Sprechchöre, und entdeckte seine Liebhaberei: den gemischten Chor. Wenn er zu Hause war – er hatte ein schlichtes, kasernenmäßig eingerichtetes Zimmer in einer Vorstadt von Düsseldorf –, wenn er zu Hause war, widmete er sich der Chorliteratur und allen Schriften über den Rassegedanken, die er bekommen konnte. Das Ergebnis dieses langen und eingehenden Studiums war eine eigene Schrift, die er ›Wechselbeziehung zwischen Chor und Rasse‹ nannte. Er reichte sie einer staatlichen Musikschule ein und bekam sie, mit einigen ironischen Randbemerkungen versehen, zurück. Erst später erfuhr Filskeit, daß der Direktor dieser Schule Neumann hieß und Jude war.

1933 verließ er endgültig den Bankdienst, um sich ganz seinen musikalischen Aufgaben innerhalb der Partei zu widmen. Seine Schrift wurde von einer Musikschule positiv begutachtet und nach einigen Kürzungen in einer Fachzeitschrift abgedruckt. Er hatte den Rang eines Oberbannführers der Hitler-Jugend, betreute aber auch die SA und die SS, er war Spezialist für Sprechchor, Männerchor und gemischten Chor. Seine Führereigenschaften waren unbestritten. Als der Krieg ausbrach, sträubte er sich, unabkömmlich gestellt zu werden, bewarb sich mehrmals bei den Totenkopfverbänden und wurde zweimal nicht angenommen, weil er schwarzhaarig war, zu klein und offenbar dem pyknischen Typus angehörte. Niemand wußte, daß er oft stundenlang verzweifelt zu Hause vor dem Spiegel stand und sah, was nicht zu übersehen war: er gehörte nicht dieser Rasse an, die er glühend verehrte und der Lohengrin angehört hatte.

Aber bei seiner dritten Meldung nahmen die Totenkopfverbände ihn an, weil er ausgezeichnete Zeugnisse von allen Parteiorganisationen vorlegte.

In den ersten Kriegsjahren litt er unter seinem musikalischen Ruf sehr: statt an die Front wurde er auf Kurse geschickt, später Kursleiter und dann Leiter eines Kursus für Kursleiter, er leitete die gesangliche Ausbildung ganzer SS-Armeen, und eine seiner Meisterleistungen war ein Chor von Legionären, die dreizehn verschiedenen Nationen und achtzehn verschiedenen Sprachen angehörten, aber in ausgezeichneter gesanglicher Übereinstimmung eine Chorpartie aus dem ›Tannhäuser‹ sangen. Er bekam später das Kriegsverdienstkreuz erster Klasse, eine der seltensten Auszeichnungen in der Armee, aber erst als er sich zum zwanzigsten Male freiwillig für den Truppendienst meldete, wurde er zu einem Kursus abkommandiert und kam endlich an die Front: er bekam ein kleines Konzentrationslager in Deutschland 1943, und endlich 1944 wurde er Kommandant eines Gettos in Ungarn, und später, als dieses Getto wegen des Heranrückens der Russen geräumt werden mußte, bekam er dieses kleine Lager im Norden.

Es war sein Ehrgeiz, alle Befehle korrekt auszuführen. Er hatte bald entdeckt, welche ungeheure musikalische Kapazität in den Häftlingen steckte: das überraschte ihn bei Juden, und er wandte das Auswahlprinzip in der Weise an, daß er jeden Neuankömmling zum Vorsingen bestellte und seine gesangliche Leistung auf der Karteikarte mit Noten versah, die zwischen null und zehn lagen. Null bekamen nur wenige – sie kamen sofort in den Lagerchor, und wer zehn hatte, hatte wenig Aussicht, länger als zwei Tage am Leben zu bleiben. Wenn er Transporte abstellen mußte, wählte er die Häftlinge so aus, daß er immer einen Stamm an guten Sängern und Sängerinnen behielt und sein Chor immer vollzählig blieb. Auf diesen Chor, den er selbst mit einer Strenge leitete, die noch aus der Zeit des MGV Concordia stammte, auf diesen Chor war er stolz. Er hätte mit diesem Chor jede Konkurrenz bezwungen, aber leider blieben die einzigen Zuhörer die sterbenden Häftlinge und die Wachmannschaften.

Aber Befehle waren ihm heiliger als selbst die Musik, und es waren in der letzten Zeit viele Befehle gekommen, die seinen Chor geschwächt hatten: die Gettos und Lager in Ungarn wurden geräumt, und weil die großen Lager, in die er früher Juden geschickt hatte, nicht mehr existierten und sein kleines Lager keinen Bahnanschluß hatte, mußte er sie alle im Lager töten, aber es blieben auch jetzt noch Kommandos genug – Küche und Krematorium und Badeanstalt –, Kommandos genug, um wenigstens die ausgezeichneten Sänger sicherzustellen.

Filskeit tötete nicht gern. Er selbst hatte noch nie getötet, und das war eine seiner Enttäuschungen: er konnte es nicht. Er sah ein, daß es notwendig war, und bewunderte die Befehle, die er strikte ausführen ließ; es kam wohl nicht darauf an, daß man die Befehle gern ausführte, sondern daß man ihre Notwendigkeit einsah, sie ehrte und sie ausführte ...

Filskeit trat ans Fenster und blickte hinaus: hinter dem grünen Möbelwagen waren zwei Lastwagen vorgefahren, die Fahrer waren eben abgestiegen und stiegen müde die Stufen zur Wachstube hinauf.

Hauptscharführer Blauert kam mit fünf Mann durchs Tor und öffnete die großen, schweren Polstertüren des Möbelwagens: die Leute drinnen schrien – das Tageslicht schmerzte ihren Augen –, sie schrien lange und laut, und die jetzt absprangen, taumelten dorthin, wo Blauert sie hinwies.

Die erste war eine junge Frau in grünem Mantel und dunklem Haar; sie war schmutzig, und ihr Kleid schien zerrissen zu sein, sie hielt ängstlich ihren Mantel zu und hatte ein zwölf- oder dreizehnjähriges Mädchen am Arm. Die beiden hatten kein Gepäck.

Die Leute, die aus dem Wagen taumelten, stellten sich auf dem Appellplatz auf, und Filskeit zählte sie leise mit: es waren einundsechzig Männer, Frauen und Kinder, sehr verschieden in Kleidung, Haltung und Alter. Aus dem grünen Möbelwagen kam nichts mehr – sechs schienen tot zu sein. Der grüne Möbelwagen fuhr langsam an und hielt oben vor dem Krematorium, Filskeit nickte befriedigt: sechs Leichen wurden dort abgeladen und in die Baracke geschleppt.

Das Gepäck der Ausgeladenen wurde vor der Wachstube gestapelt. Auch die beiden Lastwagen wurden entladen: Filskeit zählte die Fünferreihen, die sich langsam füllten: es waren neunundzwanzig Fünferreihen. Hauptscharführer Blauert sagte durchs Megaphon: »Alle herhören! Sie befinden sich in einem Durchgangslager. Ihr Aufenthalt hier wird sehr kurz sein. Sie werden einzeln zur Häftlingskartei gehen, dann zum Herrn Lagerkommandanten, der Sie einer persönlichen Prüfung unterziehen wird – später müssen alle zum Bad und zur Entlausung, dann wird es für alle heißen Kaffee geben. Wer den geringsten Widerstand leistet, wird sofort erschossen.« Er zeigte auf die Wachttürme, deren MGs jetzt auf den Appellplatz geschwenkt hatten, und auf die fünf Mann, die mit entsicherten Maschinenpistolen hinter ihm standen.

Filskeit ging ungeduldig hinter seinem Fenster auf und ab. Er hatte einige blonde Juden entdeckt. Es gab viele blonde Juden in Ungarn. Filskeit liebte sie noch weniger als die dunklen, obwohl Exemplare darunter waren, die jedes Bilderbuch der nordischen Rasse hätten schmücken können.

Er sah, wie die erste Frau, diese in dem grünen Mantel und dem zerrissenen Kleid, in die Baracke trat, wo die Kartei war, und er setzte sich und legte seine entsicherte Pistole neben sich auf den Tisch. In wenigen Minuten würde sie hier sein und ihm vorsingen.

Ilona wartete schon seit zehn Stunden auf die Angst. Aber die Angst kam nicht. Sie hatte viele Dinge über sich ergehen lassen müssen und empfunden in diesen zehn Stunden: Ekel und Entsetzen, Hunger und Durst, Atemnot und Verzweiflung, als das Licht sie traf, und eine merkwürdig kühle Art von Glück, wenn es für Minuten oder Viertelstunden gelang, allein zu sein – aber auf die Angst hatte sie vergeblich gewartet. Die Angst kam nicht. Diese Welt, in der sie seit zehn Stunden lebte, war gespenstisch, so gespenstisch wie die Wirklichkeit – gespenstisch wie die Dinge, die sie davon gehört hatte. Aber davon zu hören, hatte ihr mehr Angst gemacht, als nun darin zu sein. Sie hatte nicht mehr viele Wünsche, einer dieser Wünsche war, allein zu sein, um wirklich beten zu können.

Sie hatte sich ihr Leben ganz anders vorgestellt. Es war bisher sauber und schön verlaufen, planmäßig, ziemlich genauso, wie sie es sich vorgestellt hatte – auch, wenn sich ihre Pläne als falsch herausgestellt hatten –, aber dies hier hatte sie nicht erwartet. Sie hatte damit gerechnet, davon verschont zu bleiben.

Wenn alles gut ging, war sie in einer halben Stunde tot. Sie hatte Glück, sie war die erste. Sie wußte wohl, was es für Badeanstalten waren, von denen dieser Mensch gesprochen hatte, sie hatte damit zu rechnen, zehn Minuten Todesqualen auszustehen, aber das schien ihr noch so weit entfernt, daß auch das ihr keine Angst machte. Auch im Auto hatte sie viele Dinge erduldet, die sie persönlich betrafen, aber nicht in sie drangen. Jemand hatte sie zu vergewaltigen versucht, ein Kerl, dessen Geilheit sie im Dunkeln roch und den sie vergebens jetzt wiederzuerkennen versuchte. Ein anderer hatte sie vor ihm geschützt, ein älterer Mann, der ihr später zugeflüstert hatte, er sei wegen einer Hose verhaftet worden, wegen einer einzigen Hose, die er einem Offizier abgekauft hatte; aber auch diesen hatte sie jetzt nicht wiedererkannt. Der andere Kerl hatte ihre Brüste im Dunkeln gesucht, ihr Kleid zerrissen und sie in den Nacken geküßt – aber zum Glück hatte der andere sie von ihm getrennt. Auch den Kuchen hatte man ihr aus der Hand geschlagen, dieses kleine Paket, das einzige, was sie mitgenommen hatte – es war auf den Boden gefallen, und im Dunkeln, auf der Erde herumtastend, hatte sie nur noch einige Teigbrocken erwischt, die mit Schmutz und Butterkrem durchsetzt waren. Mit Maria zusammen hatte sie sie gegessen – ein Teil des Kuchens war in ihrer Manteltasche zerquetscht worden –, aber Stunden später hatte sie gefunden, daß er wunderbar schmeckte, sie zog kleine klebrige Klumpen aus der Tasche, gab dem Kind davon und aß selbst, und sie fand, daß er wunderbar schmeckte, dieser zerdrückte schmutzige Kuchen, den sie restlos aus ihrer Manteltasche herauskratzte. Einige hatten sich das Leben genommen, sie verbluteten fast lautlos, seltsam keuchend und stöhnend in der Ecke, bis ihre Nachbarn in dem ausfließenden Blut ausglitten und irrsinnig schrien. Aber sie hatten aufgehört zu schreien, als der Posten gegen die Wand klopfte – es klang drohend und schrecklich, dieses Pochen, es konnte kein Mensch sein, der klopfte, sie waren schon lange nicht mehr unter Menschen ...

Sie wartete auch vergebens auf die Reue; es war sinnlos gewesen, daß sie sich von diesem Soldaten trennte, den sie sehr gern hatte, dessen Namen sie nicht einmal genau wußte, es war vollkommen sinnlos. Die Wohnung der Eltern war schon leer, und sie fand dort nur das verwirrte und erschreckte Kind ihrer Schwester, die kleine Maria, die aus der Schule gekommen war und die Wohnung leer gefunden hatte. Die Eltern und Großeltern waren schon weg – Nachbarn erzählten, daß sie mittags schon abgeholt worden seien. Und es war sinnlos, daß sie dann ins Getto liefen, um dort die Eltern und Großeltern zu suchen: sie betraten es wie immer durch die Hinterzimmer eines Friseurgeschäftes und rannten durch die leeren Straßen und kamen gerade recht, um in diesen Möbelwagen gepackt zu werden, der abfahrbereit dort stand und in dem sie die Angehörigen zu finden hofften. Sie fanden Eltern und Großeltern nicht, sie waren nicht in diesem Wagen. Ilona fand es erstaunlich, daß niemand von den Nachbarn auf die Idee gekommen war, in die Schule zu laufen und sie zu warnen, aber auch Maria war nicht auf die Idee gekommen. Es hätte wahrscheinlich auch nichts genützt, wenn jemand sie gewarnt hätte ... Im Auto hatte ihr jemand eine brennende Zigarette in den Mund gesteckt, später erfuhr sie, daß es der Mann war, der wegen der Hose mitgenommen worden war. Es war die erste Zigarette, die sie rauchte, und sie fand, daß es sehr erfrischend und sehr wohltuend war. Sie wußte nicht, wie ihr Wohltäter hieß, niemand gab sich zu erkennen, weder dieser keuchende, geile Bursche noch ihr Wohltäter, und wenn ein Streichholz aufflammte, schienen die Gesichter alle gleich zu sein: entsetzliche Gesichter voller Angst und Haß.

Aber sie hatte auch lange Zeit beten können: im Kloster hatte sie alle Gebete, alle Litaneien und große Teile der Liturgie hoher Festtage auswendig gelernt, und sie war jetzt froh, sie zu kennen. Zu beten erfüllte sie mit einer kühlen Heiterkeit. Sie betete nicht, um irgend etwas zu bekommen oder von irgend etwas verschont zu werden, nicht um einen schnellen, schmerzlosen Tod oder um ihr Leben, sie betete einfach, und sie war froh, als sie sich hinten an die Polstertür lehnen konnte und wenigstens am Rücken allein war – erst hatte sie umgekehrt gestanden, mit dem Rücken in die Masse hinein, und als sie müde war und sich fallen ließ, einfach nach hinten, hatte ihr Körper wohl in dem Mann, auf den sie fiel, diese tolle Begierde erweckt, die sie erschreckte, aber nicht kränkte – fast im Gegenteil, sie spürte etwas, wie wenn sie Teil an ihm hätte, an diesem Unbekannten …

Sie war froh, als sie frei stand, wenigstens mit dem Rükken allein gegen dieses Polster, das für die Schonung guter Möbel gedacht war. Sie hielt Maria fest an sich gedrückt und war froh, daß das Kind schlief. Sie versuchte, mit der gleichen Andacht zu beten wie sonst, aber es gelang ihr nicht, es blieb wie ein kühles, gedankliches Meditieren. Sie hatte sich ihr Leben ganz anders vorgestellt: mit dreiundzwanzig hatte sie ihr Staatsexamen gemacht, dann war sie ins Kloster gegangen – die Verwandten waren enttäuscht, aber billigten ihren Entschluß. Sie war ein ganzes Jahr im Kloster gewesen, es war eine schöne Zeit, und wenn sie wirklich Nonne geworden wäre, wäre sie jetzt Schulschwester in Argentinien, in einem sehr schönen Kloster gewiß; aber sie war nicht Nonne geworden, der Wunsch zu heiraten und Kinder zu haben war so stark in ihr, daß er auch nach einem Jahr nicht überwunden war – und sie war in die Welt zurückgekehrt. Sie wurde eine sehr erfolgreiche Lehrerin, und sie war es gern, sie liebte ihre beiden Fächer Deutsch und Musik sehr und hatte die Kinder gern, sie konnte sich kaum etwas Schöneres denken als einen Kinderchor, sie war sehr erfolgreich mit ihrem Kinderchor, den sie in der Schule gründete, und die Gesänge der Kinder, diese lateinischen Gesänge, die sie zu den Festen einübte, hatten eine wirklich engelhafte Neutralität – eine freie innere Freude war es, aus der heraus die Kinder sangen, Worte sangen, die sie nicht verstanden und die schön waren. Das Leben erschien ihr schön – lange Zeit, fast immer. Was sie schmerzte, war nur dieser Wunsch nach Zärtlichkeit und Kindern, es schmerzte sie, weil sie niemanden fand; es gab viele Männer, die sich für sie interessierten, manche gestanden ihr auch ihre Liebe, und von einigen ließ sie sich küssen, aber sie wartete auf etwas, das sie nicht hätte beschreiben können, sie nannte es nicht Liebe – es gab viele Arten von Liebe, eher hätte sie es Überraschung nennen mögen, und sie hatte geglaubt, diese Überraschung zu spüren, als der Soldat, dessen Namen sie nicht kannte, neben ihr an der Landkarte stand und die Fähnchen einsteckte. Sie wußte, daß er in sie verliebt war, er kam schon zwei Tage lang für Stunden zu ihr und plauderte mit ihr, und sie fand ihn nett, obwohl seine Uniform sie etwas beunruhigte und erschreckte, aber plötzlich, in diesen paar Minuten, als sie neben ihm stand, er sie vergessen zu haben schien, hatten sein ernstes und schmerzliches Gesicht und seine Hände, mit denen er die Karte von Europa absuchte, sie überrascht, sie hatte Freude empfunden und hätte singen können. Er war der erste, den sie wiederküßte …

Sie ging langsam die Stufen zur Baracke hinauf und zog Maria hinter sich her; erstaunt blickte sie auf, als der Posten ihr die Mündung der Maschinenpistole in die Seite stieß und schrie: »Schneller – schneller.« Sie ging schneller. Drinnen saßen drei Schreiber an den Tischen: große Packen Karteikarten lagen vor ihnen, die Karten waren so groß wie Deckel von Zigarrenkisten. Sie wurde zum ersten Tisch gestoßen, Maria zum zweiten, und an den dritten Tisch kam ein alter Mann, der zerlumpt und unrasiert war und ihr flüchtig zulächelte, sie lächelte zurück; es schien ihr Wohltäter zu sein.

Sie nannte ihren Namen, ihren Beruf, ihr Geburtsdatum und ihre Religion, und war erstaunt, als der Schreiber sie nach ihrem Alter fragte. »Dreiundzwanzig«, sagte sie.

›Noch eine halbe Stunde‹, dachte sie. Vielleicht würde sie doch Gelegenheit haben, noch ein wenig allein zu sein. Sie war erstaunt, wie gelassen es in dieser Verwaltung des Todes zuging. Alles ging mechanisch, etwas gereizt, ungeduldig: diese Menschen taten ihre Arbeit mit der gleichen Mißlaune, wie sie jede andere Büroarbeit getan hätten, sie erfüllten lediglich eine Pflicht, eine Pflicht, die ihnen lästig war, die sie aber erfüllten. Man tat ihr nichts, sie wartete immer noch auf die Angst, vor der sie sich gefürchtet hatte. Sie hatte damals große Angst gehabt, als sie aus dem Kloster zurückkam, große Angst, als sie mit dem Koffer zur Straßenbahn ging und mit ihren nassen Fingern das Geld umklammert hielt: diese Welt war ihr fremd und häßlich vorgekommen, in die sie sich zurückgesehnt hatte, um einen Mann und Kinder zu haben – eine Reihe von Freuden, die sie im Kloster nicht finden konnte und die sie jetzt, als sie zur Straßenbahn ging, nicht mehr zu finden hoffte, aber sie schämte sich sehr, schämte sich dieser Angst …

Als sie zur zweiten Baracke ging, suchte sie in den Reihen der Wartenden nach Bekannten, aber sie entdeckte keinen, sie stieg die Stufen hinauf, der Posten winkte ihr ungeduldig, einzutreten, als sie vor der Tür zögerte, und sie trat ein und zog Maria hinter sich her: das schien verkehrt zu sein, zum zweiten Male entdeckte sie Brutalität, als der Posten das Kind von ihr wegriß und es, als es sich sträubte, an den Haaren zog. Sie hörte Maria schreien und trat mit ihrer Karteikarte ins Zimmer. Im Zimmer war nur ein Mann, der die Uniform eines Offiziers trug; er hatte einen sehr eindrucksvollen, schmalen, silbernen Orden in Kreuzform auf der Brust, sein Gesicht sah blaß und leidend aus, und als er den Kopf hob, um sie anzusehen, erschrak sie über sein schweres Kinn, das ihn fast entstellte. Er streckte stumm die Hand aus, sie gab ihm die Karte und wartete: noch immer keine Angst. Der Mann las die Karte durch, sah sie an und sagte ruhig: »Singen Sie etwas.«

Sie stutzte. »Los«, sagte er ungeduldig, »singen Sie etwas – ganz gleich, was ...«

Sie sah ihn an und öffnete den Mund. Sie sang die Allerheiligenlitanei nach einer Vertonung, die sie erst kürzlich entdeckt und herausgelegt hatte, um sie mit den Kindern einzustudieren. Sie sah den Mann während des Singens genau an, und nun wußte sie plötzlich, was Angst war, als er aufstand und sie anblickte.

Sie sang weiter, während das Gesicht vor ihr sich verzerrte wie ein schreckliches Gewächs, das einen Krampf zu bekommen schien. Sie sang schön, und sie wußte nicht, daß sie lächelte, trotz der Angst, die langsam höher stieg und ihr wie zum Erbrechen im Hals saß ...

Seitdem sie angefangen hatte zu singen, war es still geworden, auch draußen, Filskeit starrte sie an: sie war schön – eine Frau – er hatte noch nie eine Frau gehabt – sein Leben war in tödlicher Keuschheit verlaufen – hatte sich, wenn er allein war, oft vor dem Spiegel abgespielt, in dem er vergebens Schönheit und Größe und rassische Vollendung suchte – hier war es: Schönheit und Größe und rassische Vollendung, verbunden mit etwas, das ihn vollkommen lähmte: Glauben. Er begriff nicht, daß er sie weitersingen ließ, noch über die Antiphon hinaus – vielleicht träumte er – und in ihrem Blick, obwohl er sah, daß sie zitterte – in ihrem Blick war etwas fast wie Liebe – oder war es Spott – Fili, Redemptor mundi, Deus, sang sie – er hatte noch nie eine Frau so singen hören.

Spiritus Sancte, Deus – kräftig war ihre Stimme, warm

und von unglaublicher Klarheit. Offenbar träumte er – jetzt würde sie singen: Sancta Trinitas, unus Deus – er kannte es noch – und sie sang es:

Sancta Trinitas – ›Katholische Juden?‹ dachte er – ›ich werde wahnsinnig.‹ Er rannte ans Fenster und riß es auf: draußen standen sie und hörten zu, keiner rührte sich. Filskeit spürte, daß er zuckte, er versuchte zu schreien, aber aus seinem Hals kam nur ein heiseres, tonloses Fauchen, und von draußen kam diese atemlose Stille, während die Frau weitersang:

Sancta Dei Genitrix ... er nahm mit zitternden Fingern seine Pistole, wandte sich um, schoß blindlings auf die Frau, die stürzte und zu schreien anfing – jetzt fand er seine Stimme wieder, nachdem die ihre nicht mehr sang: »Umlegen«, schrie er, »alle umlegen, verflucht – auch den Chor – 'raus mit ihm – 'raus aus der Baracke –«, er schoß sein ganzes Magazin leer auf die Frau, die am Boden lag und unter Qualen ihre Angst erbrach ...

Draußen fing die Metzelei an.

8

Frau Susan beobachtete den Krieg jetzt schon drei Jahre. Damals waren zuerst deutsche Soldaten und Militärautos gekommen, auch Reiterei – sie zogen über die Brücke in diesem staubigen Herbst und bewegten sich auf die Pässe zu, die ins Polnische führten. Das hatte richtig nach Krieg ausgesehen, schmutzige Soldaten, müde Offiziere auf Pferden und Motorrädern, die hin und her fuhren, einen ganzen Nachmittag lang Krieg, mit gewissen Pausen: fast ein schönes Bild – und die Soldaten waren über die Brücke marschiert, die Autos ihnen vorangefahren, hinterdrein und vornweg die Motorräder, und Frau Susan hatte sie nie mehr wiedergesehen.

Danach war es wieder ruhiger geworden: nur hin und wieder kam ein deutscher Militärlastwagen, der über die Brücke fuhr, drüben in den Wäldern verschwand und dessen Motorengeräusch sie noch lange hörte in der Stille, wenn er drüben den Berg hinauffuhr, mühsam fauchend, ächzend, mit gewissen Pausen dazwischen – eine lange Zeit –, bis er über dem Kamm verschwunden zu sein schien. Sie dachte daran, daß die Autos an ihrem Heimatdorf vorbeifuhren, dort oben, wo sie ihre Kindheit verbracht hatte, den Sommer auf den Weideplätzen und den Winter am Spinnrocken – sehr hoch oben, ganz allein, im Sommer auf diesen mageren felsigen Wiesen. Sie hatte sich oft stundenlang über den Grat gebeugt, um zu sehen, ob sich etwas die Straße hinauf- oder hinabbewege. Aber damals hatte es hier noch keine Autos gegeben, nur selten kam ein Fuhrwerk, meistens waren es Zigeuner oder Juden, die ins Polnische hinübermachten. Sehr viel später erst, als sie schon lange weg war, war die Eisenbahn gelegt worden, die über die Brücke bei Szarny fuhr und genau durch das Tal lief, in das sie früher von den Weideplätzen heruntergesehen hatte. Sie war lange nicht mehr oben gewesen, fast zehn Jahre, und sie horchte den Autos nach, solange sie sie hören konnte – und sie hörte sie noch, wenn sie über den Kamm schon weg waren und auf der Straße oben fuhren, in die jetzt vielleicht die Jungen ihres Neffen von oben hinuntersahen auf die Militärautos der Deutschen, die sich mühsam bewegten. Aber es kamen nur selten Autos. Der Lastwagen kam regelmäßig alle zwei Monate, und zwischendurch kamen wenige, manchmal eins mit Soldaten drauf, die bei ihr hielten und Bier tranken, bevor sie ins Gebirge hinauf mußten, und abends kam dann das Auto mit den anderen Soldaten herunter, die bei ihr hielten und Bier tranken, bevor sie in die Ebene hinausfuhren. Aber es waren nicht viele Soldaten dort oben, der Lastwagen kam nur dreimal im ganzen, denn ein halbes Jahr, nachdem der Krieg an ihr vorbei ins Gebirge gezogen war, wurde die Brücke gesprengt, die kurz hinter ihrem Haus über den Fluß führte. Es geschah nachts, und sie würde diesen Krach nie vergessen und den Schrei, den sie selbst ausstieß, das Rufen der Nachbarn von drüben und das anhaltende Geschrei ihrer Tochter Maria, die damals achtundzwanzig war und immer seltsamer wurde. Die Fensterscheiben waren zerbrochen, die Kühe im Stall brüllten, und der Hund bellte die ganze Nacht hindurch, und als es Tag wurde, sahen sie es: die Brücke war weg, die Betonpfeiler standen noch da, Gehsteig, Fahrbahn und Geländer waren sauber weggesprengt, und das rostige Eisenwerk lag unten im Fluß und ragte an einigen Stellen heraus. Noch am Morgen kam ein deutscher Offizier mit fünf Soldaten, die ganz Berczaba durchsuchten, zuerst ihr Haus, alle Zimmer, die Ställe und sogar bei ihrer Tochter Maria im Bett nachsahen, die seit dem Krach in der Nacht jammernd in ihrem Zimmer lag. Auch bei Temanns drüben sahen sie nach; jedes Zimmer, jeder Ballen Heu und Stroh in der Scheune und sogar Brachys Haus wurde durchsucht, obwohl es schon seit drei Jahren unbewohnt war und langsam verfiel. Brachys waren nach Preßburg gegangen, arbeiteten dort, und bisher hatte keiner sich gefunden, der das Haus und den Acker kaufen wollte.

Die Deutschen waren sehr wütend gewesen, aber sie hatten nichts und niemand gefunden, und sie hatten sich den Kahn aus ihrem Schuppen geholt und waren über den Fluß nach Tzenkoschik gefahren, dem kleinen Dorf, das dort lag, wo die Steigung der Straße anfing: man sah den Kirchturm hinter den Wäldern von ihrem Dachfenster aus. Aber auch in Tzenkoschik hatten sie nichts gefunden und niemand, auch nicht in Tesarzy – freilich wußten sie vielleicht nicht, daß die beiden Swortschiks-Jungen verschwunden waren, seitdem die Brücke gesprengt worden war.

Sie fand es lächerlich, die Brücke zu sprengen: nur alle zwei Monate ungefähr fuhr das deutsche Lastauto hinüber und zwischendurch sehr selten einmal ein Auto mit Soldaten, und die Brücke diente nur den Bauern, die drüben

Weiden hatten und Wald. Es machte den Deutschen bestimmt nichts, alle zwei Monate einen Umweg von einer halben Stunde zu machen bis Szarny, nur fünf Kilometer weit, wo die Eisenbahnbrücke über den Fluß führte.

Erst nach ein paar Tagen begriff sie, was es für sie bedeutete, daß die Brücke zerstört war. Zuerst war eine Menge Neugieriger gekommen, die bei ihr Schnaps tranken und Bier und alles erzählt haben wollten, aber dann wurde es still in Berczaba, sehr still, die Bauern und Knechte kamen nicht mehr, die drüben in den Wald oder auf die Weiden mußten, auch die Leute nicht, die sonntags nach Tzenkoschik fuhren, die Paare, die in die Wälder gingen, und auch nicht mehr die Soldaten, und das einzige, was sie in vierzehn Tagen verkaufte, war ein Bier an Temann drüben, diesen Geizkragen, der seinen Schnaps selbst brannte. Es war sehr betrüblich, daran zu denken, daß sie in Zukunft nur alle vierzehn Tage ein Glas Bier an den geizigen Temann verkaufen sollte. Jedermann wußte ja, wie geizig er war.

Aber diese sehr stille Zeit dauerte nur drei Wochen. Eines Tages kam ein graues, kleines, sehr flinkes deutsches Militärauto mit drei Offizieren, die die zerstörte Brücke besichtigten, eine halbe Stunde am Ufer auf und ab marschierten, mit dem Fernglas in der Hand, in die Gegend guckten, zuerst bei Temanns, dann bei ihr aufs Dach stiegen, von oben mit dem Fernglas in die Gegend guckten und dann wegfuhren, ohne auch nur einen Schnaps bei ihr getrunken zu haben.

Und zwei Tage darauf bewegte sich eine langsame Staubwolke von Tesarzy auf Berczaba zu – es waren müde Soldaten, sieben und ein Feldwebel, die ihr klarzumachen versuchten, daß sie bei ihr wohnen, schlafen und essen sollten. Zuerst bekam sie einen Schreck, aber dann begriff sie, wie gut es für sie war, und sie lief schnell zu Maria hinauf, die immer noch im Bett lag.

Die Soldaten schienen Zeit zu haben, sie warteten geduldig, ältere Männer, die ihre Pfeifen stopften, Bier tranken, ihr Gepäck ablegten und es sich bequem machten. Sie warteten geduldig, bis sie oben drei kleine Kammern ausgeräumt hatte: die Knechtskammer, die schon drei Jahre leer stand, weil sie keinen Knecht mehr bezahlen konnte; das Zimmerchen, von dem ihr Mann einmal gesagt hatte, es sei für Besuch oder Gäste, aber es war nie Besuch und nie waren Gäste gekommen, und ihr Eheschlafzimmer. Sie selbst zog zu Maria ins Zimmer. Später, als sie herunterkam, fing der Feldwebel an, ihr zu erklären, daß die Gemeinde ihr das bezahlen müsse, eine ganze Menge Kronen, und daß sie auch gegen Bezahlung für die Soldaten kochen solle.

Die Soldaten waren die besten Kunden, die sie je gehabt hatte: diese acht verzehrten mehr im Monat als alle Leute zusammen, die einzeln über die Brücke gegangen waren. Die Soldaten schienen viel Geld und sehr viel Zeit zu haben. Was sie zu tun hatten, fand sie lächerlich, zwei hatten immer zusammen einen bestimmten Weg abzugehen – am Ufer vorbei, dann mit dem Kahn rüber, wieder zurück, ein anderes Stück am Ufer vorbei –, sie wurden alle zwei Stunden abgelöst; und auf dem Dach saß einer, der mit dem Fernglas in der Gegend herumguckte und alle drei Stunden abgelöst wurde. Sie machten es sich da oben auf dem Dach bequem, erweiterten das Dachfenster, indem sie ein paar Ziegel herausnahmen, legten nachts eine Blechplatte drüber, und da saßen sie nun den ganzen Tag auf einem alten Sessel mit Kissen drauf, der auf einem Tisch stand. Dort saß nun einer von ihnen den ganzen Tag und guckte ins Gebirge hinauf, in den Wald, auf das Ufer, manchmal auch zurück nach Tesarzy, und die anderen lungerten herum und langweilten sich. Sie war entsetzt, als sie erfuhr, wieviel Geld die Soldaten dafür bekamen, und auch ihre Familien zu Hause bekamen noch Geld. Einer von ihnen war Lehrer, der rechnete ihr genau vor, wieviel seine Frau bekam, aber es war so viel, daß sie es nicht glaubte. Es war zu viel, was diese Lehrersfrau dafür bekam, daß ihr Mann hier herumhockte, Gulasch aß, Gemüse, Kartoffeln, Kaffee trank und

Brot mit Wurst aß – sogar Tabak bekamen sie jeden Tag – und wenn er nicht aß, hockte er in ihrer Gaststube herum, trank ganz langsam sein Bier und las, las ständig, er schien einen ganzen Tornister voll Bücher zu haben, und wenn er nicht aß oder las, hockte er oben mit dem Fernglas auf dem Dach, vollkommen sinnlos, und starrte die Wälder und Wiesen an oder beobachtete die Bauern auf dem Felde. Dieser Soldat war sehr freundlich zu ihr, er hieß Becker, aber sie mochte ihn nicht, weil er nur las, nichts tat als Bier trinken und lesen und herumhocken.

Aber das war alles schon lange her. Diese ersten Soldaten waren nicht lange geblieben, vier Monate, dann waren andere gekommen, die ein halbes Jahr blieben, wieder andere fast ein Jahr, und dann wurden sie regelmäßig alle halbe Jahre abgelöst, und es kamen manche wieder, die früher schon bei ihr gewesen waren, und sie taten alle dasselbe, drei Jahre lang: herumlungern, Bier trinken, Karten spielen und oben auf dem Dach hocken oder drüben auf der Wiese und im Wald sinnlos mit ihren Gewehren auf dem Rücken herumspazieren. Sie bekam viel Geld dafür, daß sie den Soldaten kochte und sie beherbergte. Es kamen kaum noch andere Gäste zu ihr; die Gaststube war zum Wohnzimmer für die Soldaten geworden.

Der Feldwebel, der jetzt seit vier Monaten bei ihr wohnte, hieß Peter, seinen Nachnamen wußte sie nicht, er war schwer gebaut, hatte den Gang eines Bauern, sogar einen Schnurrbart, und sie dachte oft, wenn sie ihn sah, an ihren Mann, Wenzel Susan, der aus dem einen Krieg nicht wiedergekommen war: auch damals waren Soldaten über die Brücke gezogen, staubbedeckt, zu Fuß und auf Pferden, mit verschmutzten Bagagewagen, Soldaten, die nicht wieder zurückkamen – erst Jahre später kamen sie wieder zurück, und sie wußte nicht mehr, ob es dieselben waren, die damals hinaufgezogen waren. Sie war noch jung, zweiundzwanzig, eine hübsche Frau, als Wenzel Susan sie vom Berg herunterholte und zu seiner Frau machte: sie kam sich sehr reich vor, sehr glücklich als Frau eines Wirtes, der einen Knecht für die Feldarbeit hatte und ein Pferd, und sie liebte Wenzel Susan mit seinem schwerfälligen Gang, dem Schnurrbart und seinen sechsundzwanzig Jahren. Wenzel war Korporal gewesen in Preßburg bei den Jägern, und kurz nachdem die fremden Soldaten staubbedeckt durch den Wald den Berg hinaufgezogen waren, an ihrem Heimatdorf vorbei, kurz danach war Wenzel Susan wieder nach Preßburg gefahren, als Korporal zu den Jägern, und sie hatten ihn hinuntergeschickt in ein Land, das Rumänien hieß, in die Berge, von dort hatte er ihr drei Postkarten geschrieben, auf denen stand, daß es ihm gut ging, und auf der letzten Karte hatte er davon berichtet, daß er Sergeant geworden war. Danach kam vier Wochen keine Post, und sie bekam einen Brief aus Wien, in dem stand, daß er gefallen war.

Kurz danach wurde Maria geboren, Maria, die jetzt schwanger war, von diesem Feldwebel, der Peter hieß und Wenzel Susan glich. In ihrer Erinnerung lebte Wenzel als junger Mann, sechsundzwanzig Jahre alt, und dieser Feldwebel, der Peter hieß und fünfundvierzig Jahre alt war – sieben Jahre jünger als sie – kam ihr sehr alt vor. Sie hatte manche Nacht im Bett gelegen und auf Maria gewartet, die erst gegen Morgen kam, mit bloßen Füßen ins Zimmer schlich und sich schnell ins Bett legte, kurz bevor die Hähne anfingen zu krähen – manche Nacht hatte sie gewartet und gebetet, und sie hatte viel mehr Blumen vor das Muttergottesbild unten getan als früher, aber Maria war schwanger geworden, und der Feldwebel kam zu ihr, verlegen, unbeholfen wie ein Bauer und machte ihr klar, daß er Maria heiraten würde, wenn der Krieg vorüber war.

Nun, sie konnte nichts ändern, und sie tat weiter sehr viel Blumen vor das Muttergottesbild unten im Flur und wartete. Es wurde still in Berczaba, es kam ihr viel stiller vor, obwohl sich nichts verändert hatte: die Soldaten lungerten in der Gaststube herum, schrieben Briefe, spielten Karten, tranken Schnaps und Bier, und einige von ihnen hatten angefangen, mit Dingen Handel zu treiben, die es hier nicht gab: mit Taschenmessern, Rasiermessern, Scheren – wunderbaren Scheren – und mit Socken. Sie nahmen Geld dafür oder tauschten es gegen Butter und Eier, sie taten es, weil sie mehr freie Zeit hatten als Geld in dieser freien Zeit zu vertrinken. Jetzt war wieder einer bei ihnen, der den ganzen Tag las und der sogar von der Bahn in Tesarzy eine ganze Kiste Bücher mit dem Wagen herübergefahren bekam. Er war Professor, auch er saß den halben Tag oben auf dem Dach und blickte mit dem Fernglas ins Gebirge hinüber, in den Wald, auf das Ufer und manchmal nach Tesarzy zurück oder sah den arbeitenden Bauern auf dem Feld zu, und auch er erzählte ihr, daß seine Frau viel Geld bekam, sehr viel Geld, es waren einige zigtausend Kronen im Monat – und sie glaubte auch diesem nicht, es war zuviel Geld, unsinnig viel Geld, es mußte gelogen sein, so viel konnte seine Frau nicht dafür bekommen, daß ihr Mann hier herumsaß, Bücher las und schrieb, den halben Tag und oft die halbe Nacht, und dann ein paar Stunden am Tag mit dem Fernglas oben auf dem Dach saß. Einer war dabei, der zeichnete: wenn schönes Wetter war, saß er draußen am Fluß, zeichnete die Berge, die man so schön sehen konnte von hier aus, den Fluß, den Brückenrest, und ein paarmal zeichnete er auch sie – und sie fand die Bilder schön und hing eines davon in der Gaststube auf. Nun lagen sie schon drei Jahre hier, diese Soldaten, acht Mann immer, und taten nichts. Sie bummelten am Fluß vorbei, fuhren mit ihrem Kahn hinüber, bummelten durch den Wald, bis nach Tzenkoschik hinauf, kamen zurück, fuhren wieder über den Fluß, gingen am Ufer vorbei, dann ein Stück bis nach Tesarzy hinunter und wurden abgelöst. Sie aßen gut, schliefen viel und hatten Geld genug, und sie dachte oft daran, daß man Wenzel Susan damals vielleicht weggeholt hatte, um in einem anderen Lande nichts zu tun – Wenzel, den sie sehr nötig hatte, der arbeiten konnte und gern arbeitete. Ihn hatten sie wohl weggeholt, um in diesem Land, das Rumänien hieß, nichts zu tun, nichtstuend zu warten, bis er erschossen wurde. Aber diese Soldaten bei ihr wurden nicht erschossen: solange sie hier waren, hatten sie nur ein paarmal geschossen, es gab jedesmal große Aufregung, und jedesmal hatte sich herausgestellt, daß es ein Irrtum war – sie hatten meistens auf Wild geschossen, das sich im Wald bewegte und auf ihren Anruf nicht stehengeblieben war, aber auch das nicht sehr oft, nur vier- oder fünfmal in diesen drei Jahren, und einmal auf eine Frau, die nachts von Tzenkoschik heruntergefahren kam, dann durch den Wald lief, um in Tesarzy den Arzt für ihr Kind zu holen, auch auf diese Frau hatten sie geschossen, aber sie hatten sie zum Glück nicht getroffen und ihr später geholfen, in den Kahn zu kommen, und hatten sie sogar hinübergefahren – und der Professor, der noch auf war, in der Gaststube saß und las und schrieb, der Professor war mit ihr gegangen bis Tesarzy. Aber sie hatten in diesen drei Jahren keinen einzigen Partisan gefunden – jedes Kind wußte, daß es hier keine mehr gab, seit die Swortschiks-Jungen weg waren; nicht einmal in Szarny tauchten Partisanen auf, wo die große Brücke mit der Eisenbahn war ... Obwohl sie Geld verdiente am Krieg, war es bitter für sie, daran zu denken, daß Wenzel Susan wahrscheinlich nichts getan hatte in diesem Land, das Rumänien hieß, daß er gar nichts hatte tun können. Wahrscheinlich bestand der Krieg daraus, daß die Männer nichts taten und zu diesem Zweck in andere Länder fuhren, damit niemand es sah – jedenfalls widerwärtig war es ihr und lächerlich, diese Männer zu sehen, drei Jahre lang, die nichts taten als die Zeit stehlen und viel Geld dafür bekamen, daß sie nachts alle Jahre einmal irrtümlich auf Wild schossen und auf eine arme Frau, die den Arzt zu ihrem Kind holen wollte; widerwärtig und lächerlich war es, daß diese Männer faulenzen mußten, während sie vor Arbeit nicht aus noch ein wußte. Sie mußte kochen, die Kühe versorgen, die Schweine, die Hühner, und viele von den Soldaten ließen sich sogar gegen Geld von ihr die Stiefel putzen, die Strümpfe stopfen und die Wäsche waschen; sie hatte so viel Arbeit, daß sie wieder einen Knecht dingen mußte, einen Mann aus Tesarzy, denn Maria tat nichts mehr, seitdem sie schwanger war. Sie war mit diesem Feldwebel wie mit ihrem Mann: sie schlief in seinem Zimmer, bereitete ihm das Frühstück, hielt seine Kleider sauber und schimpfte manchmal mit ihm.

Aber eines Tages, fast genau nach drei Jahren, kam ein sehr hoher Offizier mit roten Streifen an der Hose und einem goldenen Kragen – sie hörte später, daß es ein richtiger General war –, dieser hohe Offizier kam mit ein paar anderen in einem sehr schnellen Auto von Tesarzy herübergefahren; er war ganz gelb im Gesicht, sah traurig aus und brüllte vor ihrem Haus den Feldwebel Peter an, weil er ohne Koppel und Pistole herausgekommen war, um zu melden – und dann stand er wütend draußen und wartete. Sie sah, daß er mit dem Fuß aufstampfte, sein Gesicht schien kleiner und noch gelber zu werden, und er sprach heftig schimpfend auf einen anderen Offizier ein, der neben ihm stand und die zitternde Hand an der Mütze hielt, einen grauhaarigen, müden Mann, der über sechzig war und den sie kannte, weil er manchmal mit dem Fahrrad von Tesarzy herunterkam und sehr milde und freundlich mit dem Feldwebel und den Soldaten in der Gaststube sprach – und dann später, vom Professor begleitet, das Fahrrad an der Hand, langsam nach Tesarzy zurückging. Dann kam endlich Peter mit seinem Koppel und seiner Pistole und ging mit den Männern an den Fluß. Sie fuhren mit dem Kahn hinüber, gingen durch den Wald, kamen zurück und standen lange an der Brücke – dann stiegen sie aufs Dach, und endlich fuhren die Offiziere wieder weg, und Peter stand noch vorn vor dem Haus mit zwei Soldaten, sie hatten die Arme hoch erhoben, noch eine lange Zeit, bis das Auto schon fast in Tesarzy war. Dann kam Peter wütend ins Haus zurück, warf seine Mütze auf den Tisch, und das einzige, was er zu Maria sagte, war: »Es scheint, die Brücke wird aufgebaut.«

Und zwei Tage später kam wieder ein Auto, ein Lastwagen, sehr schnell von Tesarzy her, und von diesem Auto sprangen sieben junge Soldaten und ein junger Offizier, der schnell ins Haus ging und mit dem Feldwebel eine halbe Stunde auf dessen Zimmer blieb. Maria versuchte, an diesem Gespräch teilzunehmen, sie ging einfach ins Zimmer, aber der junge Offizier wies sie hinaus, und sie ging wieder hinein, und wieder wies sie der junge Offizier streng hinaus; sie blieb weinend an der Treppe stehen, während sie zusehen mußte, wie die alten Soldaten ihr Gepäck zusammensuchten und die jungen in ihre Zimmer zogen. Sie wartete ein halbe Stunde weinend, wurde wütend, als der Professor ihr auf die Schulter klopfte, und sie hing sich schreiend und weinend an Peter, der endlich mit seinem Gepäck aus dem Zimmer kam und mit rotem Kopf auf sie einredete, sie tröstete – sie hing an ihm, bis er ins Auto gestiegen war; dann stand sie weinend auf der Treppe und sah dem Auto nach, das sehr schnell nach Tesarzy zurückfuhr. Sie wußte, daß er nicht wiederkommen würde, obwohl er es ihr versprochen hatte …

Feinhals kam nach Berczaba, zwei Tage bevor mit dem Aufbau der Brücke begonnen wurde. Das Nest bestand aus einer Kneipe und zwei Häusern, von denen eins verlassen und halbverfallen war, und als er mit den anderen ausstieg, war alles ringsum eingehüllt von dem bitteren Rauch der Kartoffelfeuer, die auf den Feldern schwelten. Es war still und friedlich, und nirgendwo schien Krieg zu sein …

Erst bei der Rückfahrt im roten Möbelwagen hatte sich herausgestellt, daß er einen Splitter im Bein hatte, einen Glassplitter, wie sich nach der Operation zeigte, ein winziges Stück von einer Tokaierflasche, und es hatte eine merkwürdig peinliche Verhandlung gegeben, weil er das silberne Verwundetenabzeichen hätte beanspruchen können, der Chefarzt aber für Glassplitter keine Verwundetenabzeichen verlieh und der Verdacht der Selbstverstümmelung einige

Tage auf ihm ruhte, bis Leutnant Brecht, den er als Zeugen nannte, seinen Bericht geschickt hatte. Die Wunde heilte schnell, obwohl er viel Schnaps trank, und er wurde nach einem Monat an irgendeine Leitstelle geschickt, die ihn nach Berczaba verfrachtete. Er wartete unten in der Kneipe, bis das Zimmer frei war, das Gress für sie beide ausgesucht hatte. Er trank Wein, dachte an Ilona und hörte den Lärm des Aufbruchs im Haus: die alten Landser suchten in allen Ecken ihre Klamotten, die Wirtin stand hinter der Theke und sah düster drein, eine ältere Frau, die hübsch aussah, immer noch hübsch, und im Flur drinnen weinte sehr laut und heftig eine andere Frau.

Dann hörte er die Frau noch heftiger schreien und weinen, und hörte, wie das Lastauto in das Nest zurückfuhr, aus dem sie gekommen waren. Gress kam und holte ihn in sein Zimmer hinauf. Das Zimmer war niedrig, mit stellenweise abgebröckeltem Putz und einer schwarzen Balkendecke, und es roch muffig; draußen war es schwül, und aus dem Fenster blickte man in einen Garten: eine Wiese mit alten Obstbäumen, am Rande Blumenbeete, Stallungen und hinten vor einem Schuppen ein aufgepflocktes Boot, dessen Farbe abgeblättert war. Es war still draußen. Links über die Hecke hinweg war die Brücke zu sehen, rostiges Gestänge ragte aus den Fluten heraus, und die Betonpfeiler waren mit Moos bewachsen. Das Flüßchen schien vierzig oder fünfzig Meter breit zu sein.

Nun lag er mit Gress zusammen. Gestern auf der Leitstelle hatte er ihn kennengelernt und beschlossen, kein überflüssiges Wort mit ihm zu sprechen: Gress hatte vier Orden auf der Brust, und er erzählte gern, die ganze Zeit schon, von Polinnen, Rumäninnen, Französinnen und Russinnen, die er offenbar alle mit gebrochenem Herzen zurückgelassen hatte. Feinhals hatte keine Lust, ihm zuzuhören, es war ihm lästig und zugleich langweilig, unendlich langweilig, auch peinlich, und Gress schien einer von denen zu sein, die glaubten, man würde ihnen zuhören, weil sie Orden auf der Brust hatten, mehr Orden als üblich.

Er, Feinhals, hatte nur einen Orden, einen einzigen, und er war zum Zuhören wie geschaffen, weil er nichts sagte, fast nie und keinerlei Erklärungen verlangte. Er war froh, als er erfuhr, daß er mit Gress zusammen den Beobachtungsposten bestreiten sollte: auf diese Weise würde er tagsüber wenigstens von ihm befreit sein ... Er legte sich sofort ins Bett, als Gress seinen Entschluß verkündete, einer Slowakin, irgendeiner, das Herz zu brechen.

Er war müde, und jeden Abend, wenn er sich irgendwo hinlegte, um zu schlafen, hoffte er, er würde von Ilona träumen, aber er träumte nie von ihr. Er beschwor jedes Wort herauf, das er mit ihr gesprochen hatte, dachte sehr intensiv an sie, aber wenn er eingeschlafen war, kam sie nicht. Oft schien ihm, bevor er einschlief, er brauche sich nur umzudrehen, um ihren Arm zu spüren, aber sie war nicht bei ihm, sie war sehr weit entfernt, und es war zwecklos, daß er sich herumdrehte. Er konnte sehr lange nicht schlafen, weil er sehr heftig an sie dachte und sich das Zimmer vorstellte, das bestimmt gewesen war, sie aufzunehmen – und wenn er einschlief, schlief er schlecht, und er wußte morgens nicht mehr, was er geträumt hatte. Von Ilona hatte er nicht geträumt.

Er betete auch abends im Bett und dachte an die Gespräche, die er mit ihr gehabt hatte an den Tagen, bevor sie weg mußten – sie war immer rot geworden, und es schien ihr peinlich zu sein, daß er bei ihr im Zimmer war, zwischen ausgestopften Tieren, Gesteinsproben, Landkarten und hygienischen Wandtafeln. Aber vielleicht war es ihr nur peinlich gewesen, von Religion zu sprechen, immer war sie glühend rot geworden, es schien ihr Pein zu verursachen, sich zu bekennen, und sie bekannte sich zu Glauben, Hoffnung und Liebe und war empört darüber, daß er sagte, er könne nicht in die Kirche gehen, weil die Gesichter und die Predigten der meisten Priester unerträglich seien. »Man muß beten, um Gott zu trösten«, hatte sie gesagt ...

Er hätte niemals gedacht, daß sie sich würde küssen lassen, aber er hatte sie geküßt, sie ihn, und er wußte, sie wäre mit ihm gegangen in dieses Zimmer, das er jetzt oft vor sich sah: ein wenig schmutzig, mit der bläulichen Waschschüssel, in der abgestandenes Wasser war, einem breiten braunen Bett und dem Blick in einen verwahrlosten Obstgarten, in dem das Fallobst faulend unter den Bäumen lag. Er stellte sich immer vor, er läge mit ihr im Bett und spräche mit ihr, aber er träumte nie davon ... Am anderen Morgen fing der Dienst an. Er hockte in dem Sessel auf dem wackeligen Tisch, im dumpfen Speicher dieses Hauses, und blickte mit dem Fernglas zur Dachluke hinaus, ins Gebirge hinauf, in den Wald, suchte das Ufer ab und manchmal zurück in das Nest, aus dem sie mit dem Lastwagen gekommen waren: er konnte keinen Partisanen entdecken – aber vielleicht waren die Bauern auf den Feldern Partisanen, nur reichte das Fernglas nicht aus, das festzustellen. Es war so still, daß es ihn schmerzte, und er hatte das Gefühl, schon jahrelang hier zu hocken, und er hob das Glas, schraubte es zurecht und blickte über den Wald an der gelblichen Kirchturmspitze vorbei ins Gebirge. Die Luft war sehr klar, und er konnte sehr weit dort oben zwischen aufragenden Graten eine Ziegenherde sehen: die Tiere waren verstreut wie winzige, weiße, hartumrandete Wölkchen, sehr weiß auf diesem grauen, mattgrünen Untergrund, und er spürte, daß er durch das Fernglas die Stille aufnahm, auch die Einsamkeit: die Tiere bewegten sich nur sehr langsam, sehr selten – als würden sie an knappen Schnüren gezogen. Mit dem Fernglas konnte er sie so sehen, wie er sie mit bloßen Augen auf drei oder vier Kilometer gesehen hätte, es kam ihm weit vor, unendlich weit, still und einsam, diese Tiere – den Hirten konnte er nicht sehen; er erschrak, als er das Glas absetzte und sie nicht mehr sah, keine Spur von ihnen, obwohl er scharf über die Kirchturmspitze hinweg auf den

Berg blickte. Nicht einmal ihr Weiß war zu sehen, es mußte sehr weit sein, er nahm das Glas wieder hoch und blickte auf die weißen Ziegen, deren Einsamkeit er spürte – aber die Kommandos unten im Garten erschreckten ihn, er nahm das Glas herunter, blickte erst mit bloßen Augen in den Garten, sah dem Exerzieren zu. Leutnant Mück kommandierte selbst. Feinhals nahm das Glas vor die Augen, schraubte die Gläser zurecht und sah Mück genau an; er kannte Mück erst zwei Tage, aber er hatte schon gemerkt, daß Mück es ernst nahm, sein schmales, dunkles Profil war starr von tödlichem Ernst, die Hände auf dem Rücken bewegten sich nicht, und die Muskeln des mageren Halses zuckten. Mück sah schlecht aus, sein Gesicht hatte eine dumpfe, fast graue Farbe, die Lippen waren fahl und bewegten sich nur knapp, wenn sie »links um« sagten, »rechts um« und »kehrt«. Feinhals sah nur Mücks Profil jetzt, diese tödlich ernste, unbewegliche Hälfte seines Gesichts, die Lippen, die sich kaum bewegten, das traurige linke Auge, das nicht auf die übenden Soldaten, sondern weit weg zu sehen schien, irgendwohin – vielleicht rückwärts. Dann sah er Gress an; sein Gesicht war gequollen, irgendwie verstört.

Als er mit bloßen Augen wieder hinuntersah in den Garten, in dem die Soldaten ›links um‹, ›rechts um‹ und ›kehrt‹ machten, auf dieser fetten, wunderbaren Wiese – sah er eine Frau, die Wäsche an einer Leine zwischen den Ställen aufhing. Es schien die Tochter zu sein, die gestern im Flur geweint und geschrien hatte. Sie sah ernst aus, fast düster, so düster, daß sie nicht hübsch, sondern schön war, ein schmales, sehr dunkles Gesicht mit zusammengekniffenem Mund. Sie warf keinen Blick auf die vier Soldaten und den Leutnant.

Als er am anderen Morgen wieder aufs Dach stieg, gegen acht, schien er schon Monate, fast Jahre dort zu sein. Die Stille und die Einsamkeit waren selbstverständlich: das sanfte Muhen der Kühe im Stall und der Geruch der Kartoffelfeuer, der immer noch in der Luft hing, einzelne Feuer schwelten noch, und als er die Gläser zurechtschraubte, sie in die Ferne richtete, genau über die Spitze des gelblichen Kirchturms hinweg, fing er nur Einsamkeit ein. Dort oben war es leer – eine graue, mattgrüne Fläche, in der die schwarzen Felsen standen … Mück war mit den vier Leuten ans Flußufer gegangen, um Anschläge zu üben. Seine kurzen, traurigen Kommandos klangen leise herüber, zu schwach, um die Stille zu stören – sie erhöhten sie fast; und unten im Haus sang die junge Frau in der Küche ein schleppendes slowakisches Volkslied. Die Alte war mit dem Knecht aufs Feld gegangen, um Kartoffeln zu ernten. Auch drüben in dem anderen Bauernhaus war es still. Er suchte eine ganze Zeit lang das Gebirge ab, fand aber nichts als stumme, einsame Flächen, steile Felsen, nur rechts sah er aus den Wäldern den weißen Qualm der Eisenbahn, der sich schnell verflüchtigte – im Fernglas sah der Qualm aus wie Staub, der sich über die Baumkronen senkte; zu hören war nichts – nur Mücks kurze Kommandos am Flußufer und der traurige Gesang der jungen Frau aus dem Hause unten …

Dann kamen sie vom Flußufer zurück, und er hörte sie singen. Es war traurig, diese vier Mann singen zu hören, es war ein jämmerliches, zerrissenes, sehr dünnes Quartett, das ›Graue Kolonnen‹ sang. Auch hörte er, wie Mück »links zwei – links zwei« kommandierte, Mück schien verzweifelt gegen die Einsamkeit zu kämpfen, aber es war zwecklos. Die Stille war stärker als seine Kommandos, stärker als der Gesang.

Als sie unten vorm Haus hielten, hörte er das erste Auto, das aus dem Nest kam, in dem sie vorgestern abgefahren waren. Er erschrak und richtete das Fernglas auf die Straße: eine Staubwolke kam rasch näher, er erkannte das Fahrerhaus und etwas Großes, Schweres, das über das Dach hinausragte …

»Was ist los?« riefen sie von der Straße her.

»Ein Auto«, sagte er und hielt das heranfahrende Auto im Fernglas fest, folgte ihm und hörte gleichzeitig, daß unten auch die junge Frau aus dem Haus gekommen war. Sie sprach mit den Soldaten und rief irgend etwas zu ihm hinauf. Er verstand sie nicht, aber er rief hinunter: »Der Fahrer ist Zivilist, daneben sitzt ein Brauner, scheint von der Partei zu sein, hinten auf dem Auto ist eine Betonmischmaschine!«

»Betonmischmaschine?« riefen sie hinauf.

»Ja!« sagte er.

Die unten sahen jetzt mit bloßen Augen das Führerhaus, den Mann in Braun, auch die Betonmischmaschine, und sie sahen, daß noch ein Auto vom Dorf her kam, eine kleinere Staubwolke, dann noch eins und noch eins, eine ganze Kolonne, die sich vom Dorf auf den Brückenrest zu bewegte. Als das erste Auto kurz vor der Auffahrt zur Brücke hielt, war das zweite schon so nahe, daß sie auch dort das Fahrerhaus und die Ladung erkennen konnten: es waren Barakkenteile. Aber sie liefen jetzt alle an das erste Auto heran, auch Maria, nur der Leutnant nicht, als die Wagentür sich öffnete und ein Mann in Braun heraussprang. Der Mann hatte keine Mütze auf, war braungebrannt und hatte ein sympathisches, offenes Gesicht. »Heil Hitler, Jungens«, rief er, »ist das hier Berczaba?«

»Ja«, sagten die Soldaten. Sie nahmen zögernd ihre Hände aus den Taschen. Der Mann hatte Majorsschulterstücke auf der braunen Bluse. Sie wußten nicht, wie sie ihn anreden sollten.

Er rief ins Führerhaus: »Wir sind da, stell den Motor ab!« Dann blickte er über die Soldaten hinweg auf den Leutnant, wartete einen Augenblick, ging dann einige Schritte näher. Auch der Leutnant kam einige Schritte näher, dann blieb der Mann stehen und wartete, und Leutnant Mück kam ganz schnell die übrigen Schritte heran, bis er vor dem Mann in Braun stand. Mück nahm erst die Hand an die Mütze, dann hoch zum Heil und sagte: »Mück!« – und der

Mann in Uniform hob auch die Hand hoch, reichte sie dann Mück, drückte sie und sagte: »Deussen – Bauführer – wir sollen die Brücke hier aufbauen.«

Der Leutnant sah die Soldaten an, die Soldaten sahen Maria an, Maria lief ins Haus, und Deussen sprang munter davon und dirigierte die ankommenden Wagen.

Deussen nahm alles sehr bestimmt, sehr energisch, aber mit einer gewissen Liebenswürdigkeit vor. Er ließ sich die Küche von Frau Susan zeigen, lächelte, schürzte die Lippen, sagte nichts, ging hinüber in das verlassene Haus, besichtigte es sehr eingehend, und als er herauskam, lächelte er, und kurz darauf fuhren zwei Wagen, die Barackenteile geladen hatten, in Richtung Tesarzy zurück. Er selbst nahm Quartier bei Temanns, lag kurz darauf rauchend im Fenster und beobachtete, wie die Wagen abgeladen wurden. Bei den Wagen war noch ein junger Mann in Braun, der Feldwebelachselklappen trug. Deussen rief ihm manchmal vom Fenster aus etwas zu. Inzwischen waren alle Wagen angekommen, insgesamt zehn, und es wimmelte von Arbeitern, Eisenträgern, Balken, Zementsäcken, und eine Stunde später kam von Szarny herunter auf dem Fluß ein kleines Motorboot. Aus dem Boot stiegen ein dritter Mann in Braun und zwei hübsche, braungebrannte Slowakinnen, die von den Arbeitern lachend begrüßt wurden.

Feinhals sah allem sehr genau zu. Zuerst wurde der große Küchenofen in das verfallene Haus gebracht, dann wurde weiter abgeladen: fertige Geländerteile, Nieten, Schrauben, geteerte Balken, Peilgeräte und Küchenvorräte. Um elf waren die Slowakinnen schon beim Kartoffelschälen, und um zwölf waren alle Materialien schon abgeladen, sogar eine Baracke für den Zement war aufgestellt, und aus dem Dorf kamen noch drei Lastwagen, die Kies vorn an die Brückenrampe schütteten. Als er zum Essen hinunterging, von Gress abgelöst, sah er, daß über die Tür zur Wirtsstube ein Schild genagelt war, auf dem ›Kantine‹ stand.

Auch in den folgenden Tagen beobachtete er den Bau sehr genau und war erstaunt, mit welcher Präzision alles geplant schien: keine Arbeit wurde überflüssig gemacht, kein Material lag weiter von der Stelle entfernt, wo es gebraucht wurde, als nötig war. Feinhals hatte viele Bauplätze im Leben betreten, er selbst hatte manchen Bau geleitet, aber er war erstaunt, wie sauber und flink hier gearbeitet wurde. Schon nach drei Tagen waren die Brückenpfeiler sorgfältig mit Beton ausplombiert, und während am letzten Pfeiler noch gegossen wurde, fingen sie am ersten schon an, das schwere Eisenträgergerüst zu montieren. Am vierten Tage war schon ein Laufsteg über die Brücke fertig, und nach einer Woche sah er, wie auf der anderen Seite des Flusses Lastwagen mit Brückenteilen anfuhren, schwere Wagen, die Deussen gleichzeitig als Rampe und Basis für die Montage des letzten Gerüstteiles benutzte. Seit der Laufsteg fertig war, ging alles schneller, und Feinhals sah nur selten noch in die Berge hinauf oder in den Wald. Er betrachtete den Brückenbau sehr genau, und auch wenn er mitexerzieren mußte, sah er meistens den Arbeitern zu: er liebte diese Arbeit.

Abends, wenn es dämmerte und der Beobachtungsposten eingezogen wurde, saß er unten im Garten und hörte dem Balalaikaspiel eines jungen Russen zu, der Stalin hieß, Stalin Gadlenko. Drinnen in der Kneipe wurde gesungen, getrunken, auch getanzt, obwohl das Tanzen verboten war, aber Deussen schien das alles nicht zu sehen. Er war sehr gut gelaunt: er hatte vierzehn Tage Frist, um die Brücke zu bauen, und wenn es so weiterging, war er schon in zwölf Tagen fertig. Er sparte eine Menge Benzin, weil er alles für die Küche bei Temann und Frau Susan kaufen konnte, ohne einen Lkw in die Gegend zu schicken, und er sorgte dafür, daß die Arbeiter zu rauchen hatten, gut zu essen bekamen und sich wohl fühlten, er wußte, daß das besser war, als auf einer Macht zu bestehen, die zwar Angst einflößte, aber im Grunde genommen die Arbeit hemmte. Er hatte schon eine Menge Brücken gebaut – Brücken, die fast alle inzwischen schon wieder gesprengt worden waren, aber eine Zeitlang hatten sie doch Dienst getan, und noch niemals war er mit seinen Terminen in Schwierigkeiten gekommen.

Frau Susan freute sich: die Brücke würde wieder dasein, sie würde noch dasein, auch wenn kein Krieg mehr war, und wenn sie stand, würden die Soldaten wohl bleiben und auch die Leute aus den Dörfern wiederkommen. Auch die Arbeiter schienen glücklich zu sein. Jeden dritten Tag kam ein kleines, flinkes, hellbraun gestrichenes Auto aus Tesarzy die Straße hinuntergefahren, das knirschend vor der Kneipe hielt, und dem Auto entstieg ein Mann in Braun, der alt und müde aussah und Hauptmannsschulterstücke hatte, und sie wurden zusammengerufen und bekamen Geld ausgezahlt; sie bekamen viel Geld ausgezahlt, so viel, daß sie von den Soldaten Socken kaufen konnten, auch Hemden, und trinken konnten sie abends, tanzen mit den hübschen Slowakinnen, die in der Küche arbeiteten.

Am zehnten Tage sah Feinhals, daß die Brücke fertig war: das Geländer war befestigt, das Gerüst der Fahrbahn fertiggestellt, und er beobachtete, wie Zement und Eisenträger aufgeladen und weggefahren wurden, auch die Baracke, in der der Zement gelegen hatte. Außerdem fuhr die Hälfte der Arbeiter zurück, auch eine Küchenfrau, und es wurde etwas stiller in Berczaba. Es waren nur noch fünfzehn Arbeiter da, Deussen und der junge Mann in Braun mit den Feldwebelachselklappen und eine einzige Frau in der Küche, die er sehr oft ansah. Sie saß den ganzen Morgen am Fenster und schälte Kartoffeln, sang vor sich hin, klopfte das Fleisch und putzte Gemüse, und sie war sehr hübsch: wenn sie lächelte, schmerzte es ihn, und durch das Fernglas konnte er drüben auf der Straßenseite sehr genau ihren Mund, ihre feinen dunklen Brauen und die weißen Zähne sehen. Sie sang immer leise vor sich hin – und an diesem Tage ging er abends in die Kneipe und tanzte mit ihr. Er tanzte sehr oft mit ihr, und er sah ihre dunklen Augen sehr nahe, fühlte ihre festen, weißen Arme in seinen Händen und war etwas enttäuscht, daß sie nach Küche roch – in der Kneipe war es schwül und dunstig –, sie war die einzige Frau, außer Maria, die an der Theke saß und mit niemand tanzte. In der Nacht träumte er von dieser Slowakin, deren Namen er nicht wußte, er träumte sehr genau von ihr, obwohl er abends im Bett wieder sehr lange und intensiv an Ilona gedacht hatte.

Am Tage darauf sah er nicht mehr mit seinem Fernglas zu ihr hinüber, obwohl er sie singen hörte, leise und summend, er blickte in die Berge, war glücklich, als er wieder eine Ziegenherde entdeckte, jetzt rechts von der Kirchturmspitze, weiße, sich langsam ruckweise bewegende Flekken auf einem grauen, mattgrünen Hintergrund.

Plötzlich setzte er das Fernglas ab: er hatte einen Schuß gehört, das Echo einer entfernten Explosion, das aus den Bergen herunterkam. Dann wieder, sehr deutlich, nicht laut, sehr entfernt. Die Arbeiter an der Brücke hielten inne, die Slowakin sang nicht mehr, und Leutnant Mück kam aufgeregt auf den Speicher gelaufen, riß ihm das Fernglas aus der Hand und blickte in die Berge. Er blickte sehr lange in die Berge, aber es kam keine Explosion mehr, und Mück gab ihm das Fernglas zurück, murmelte: »Aufpassen jetzt – aufpassen«, lief in den Hof zurück, wo er das Waffenreinigen beaufsichtigte.

Am Nachmittag schien es stiller zu sein als an den Tagen vorher, obwohl die Geräusche dieselben blieben: die Arbeiter an der Brücke, die geteerte Balken zurechtschnitten, aneinanderschoben und aufschraubten, die Stimme der alten Frau, die unten in der Küche auf ihre Tochter einredete, lange und eindringlich, ohne Antwort zu bekommen, und das sanfte Summen der Slowakin, die am offenen Fenster das Abendbrot für die Arbeiter richtete: große, gelbe Kartoffeln rösteten in der Pfanne, und eine Tonschüssel mit Tomaten leuchtete in der Dämmerung. Feinhals blickte in die Berge hinauf, in den Wald, suchte das Flußufer ab, alles war still drüben, nichts bewegte sich. Die beiden Posten waren im Wald verschwunden, er sah zu den Arbeitern an der Brücke: sie waren schon zur Hälfte fertig, die schwarze, solide Fahrbahn aus Balken schloß sich allmählich, und als er das Glas schwenkte, konnte er auf der Straße sehen, wie alles restliche Material verladen wurde, Werkzeug und Träger, Betten, Stühle und der Küchenofen, und kurz darauf fuhr der Wagen mit acht Arbeitern in Richtung Tesarzy davon. Die Slowakin lag im Fenster und winkte ihnen nach, es schien stiller zu werden, auch das Motorboot fuhr gegen Abend den Fluß hinauf, und in der Fahrbahn der Brücke fehlte nur noch ein schmales Stück: drei oder vier Balken. Etwa zwei Meter klafften noch, als die Arbeiter Feierabend machten. Feinhals sah, daß sie das Werkzeug auf der Brücke liegenließen. Das Auto kam von Tesarzy zurück, hielt vor der Küche und lud einen kleinen Korb Obst und ein paar Flaschen ab, und kurz bevor Feinhals abgelöst wurde, kam wieder das Echo dunkler Explosionen von oben: es hallte wie Theaterdonner aus den Bergen, künstlich vervielfältigt, sich brechend, abschwächend, dreimal – viermal – dann war Stille. Und wieder kam Leutnant Mück heraufgelaufen, blickte mit zuckendem Gesicht durchs Fernglas. Von links nach rechts schwenkend, suchte er die Felsen ab, die Kämme, setzte kopfschüttelnd das Glas ab, schrieb eine Meldung auf einen Zettel, und kurz darauf fuhr Gress mit Deussens Fahrrad nach Tesarzy.

Als Gress abgefahren war, hörte Feinhals deutlich ein Maschinengewehrduell aus den Bergen: das dumpfe und harte Sägen eines russischen MGs gegen das helle, nervöse Bellen eines deutschen, das wie eine durchgedrehte Bremse knirschte – die Schüsse schienen auszugleiten, so schnell waren sie. Das Gefecht war kurz, der Wechsel einiger Stöße nur, dann platzten Handgranaten, drei oder vier, deren Lärm sich wieder vervielfältigte. Zigfach, sich abschwächend, gaben sie ihr Echo in die Ebene hinunter. Irgendwie kam es Feinhals lächerlich vor: wo der Krieg auftrat, war er mit völlig überflüssigem Lärm verbunden. Mück kam diesmal nicht herauf, er stand auf der Brücke und starrte in die Berge, noch ein einziger Schuß kam von oben, es schien ein Gewehrschuß zu sein, das Echo kam dünn wie das Geräusch eines rollenden Steins; dann blieb es still, bis der Dämmer kam, Feinhals die Blechplatte aufs Dach legte und langsam nach unten ging.

Gress war noch nicht zurück, und unten in der Gaststube hielt Mück eine nervöse Belehrung ab, in der er für die Nacht erhöhte Bereitschaft ankündigte. Er stand da mit seinem todernsten Gesicht und fummelte unruhig an seinen beiden Orden herum, die geladene Maschinenpistole hatte er um den Hals und den Stahlhelm am Koppel hängen.

Noch bevor Gress zurück war, kam ein graues Auto aus Tesarzy herunter, dem ein dicker Hauptmann mit rotem Gesicht entstieg und ein schmaler, streng aussehender Oberleutnant, die mit Mück über die Brücke gingen. Feinhals stand vor dem Haus und sah ihnen nach. Es sah aus, als ob die drei Gestalten sich endgültig entfernten, aber sie kamen bald zurück, der Wagen drehte. Drüben sah Deussen aus dem Fenster, und im Erdgeschoß der Arbeiterunterkunft saßen die Männer im Halbdunkel um einen rohen Tisch: Tomaten und Kartoffeln auf ihren Tellern. In der Ecke des Zimmers stand die Slowakin, eine Hand in der Hüfte, in der anderen die Zigarette – der Bogen, mit dem sie die weiße Zigarette an den Mund führte, kam Feinhals ein wenig zu schwungvoll vor. Dann kam sie näher, als der Motor des grauen Autos ansprang, legte sich mit der Zigarette ins Fenster und lächelte Feinhals zu. Er blickte aufmerksam in ihr Gesicht und vergaß, die beiden davonfahrenden Offiziere zu grüßen – die Frau hatte ein dunkles Mieder an, und die Weiße ihrer Brust leuchtete herzförmig unter ihrem braunen Gesicht. Mück ging an Feinhals vorbei ins Haus und sagte: »Holen Sie das MG 'rüber.« Feinhals sah jetzt, daß dort, wo das Auto der Offiziere gestanden hatte, ein schwarzes, schlankes MG neben Munitionskästen auf der Straße lag. Er überquerte langsam die Straße und holte das MG, dann ging er ein zweites Mal und nahm die Munitionskästen. Die Slowakin lag immer noch im Fenster, sie schnippte die Glut von ihrer Zigarette und steckte den Rest in die Schürzentasche. Sie sah immer noch Feinhals an, lächelte aber nicht mehr – sie sah traurig aus, ihr Mund war schmerzlich hellrot. Dann schürzte sie plötzlich die Lippen ein wenig, wandte sich um und fing an, den Tisch abzuräumen. Die Arbeiter kamen aus dem Haus und gingen auf die Brücke zu.

Sie arbeiteten noch dort, als Feinhals eine halbe Stunde später mit dem MG über die Brücke ging. Sie montierten den letzten Balken im Dunkeln. Die allerletzte Niete schraubte Deussen selbst an. Er ließ sich mit einer Karbidlampe leuchten, und Feinhals schien es, er habe den Schraubschlüssel wie den Schwengel einer Drehorgel in der Hand. Es sah aus, als bohre er an einem großen, dunklen Kasten herum, der kein Geräusch von sich gab. Feinhals setzte das MG ab, sagte zu Gress: »Moment«, und ging noch einmal zurück. Er hatte gehört, daß in dem Wagen vor der Arbeiterunterkunft der Motor angestellt wurde, er ging bis zur Rampe zurück und sah zu, wie die restlichen Einrichtungsgegenstände verladen wurden. Es war nicht mehr viel: ein Ofen, ein paar Stühle, ein Korb Kartoffeln, Geschirr und das Gepäck der Arbeiter. Die Arbeiter kamen von der Brücke zurück und stiegen alle auf. Sie hatten Schnapsflaschen in der Hand und tranken. Als letzte stieg die Slowakin auf. Sie hatte ein rotes Kopftuch um, und ihr Gepäck war nicht umfangreich: ein mit blauem Tuch umwickeltes Paket. Feinhals zögerte einen Augenblick, als er sie aufsteigen sah, dann ging er schnell zurück. Deussen kam als letzter von der Brücke: er hatte den Schraubschlüssel in der Hand und ging langsam in Temanns Haus.

Die halbe Nacht hockten sie dort mit dem nagelneuen MG hinter der kleinen Mauer, die die Rampe einsäumte, und lauschten in die Nacht. Es blieb still – manchmal kam die Streife aus dem Wald, sie wechselten müde ein paar Worte und blieben stumm dort hocken und starrten in die schmale Straße hinein, die in den Wald führte. Aber es kam nichts. Auch oben in den Bergen blieb es still. Sie gingen gegen Mitternacht, als sie abgelöst wurden, zurück und schliefen sofort ein. Erst gegen Morgen hörten sie Lärm und standen auf. Gress zog sich die Stiefel noch an, und Feinhals stand mit bloßen Füßen am Fenster und sah auf die andere Seite hinüber: dort standen viele Leute und redeten auf den Leutnant ein, der sie offenbar nicht über die Brücke lassen wollte. Sie schienen aus den Bergen zu kommen und aus dem Dorf, dessen Kirchturmspitze man hinter dem Wald sah, ein ziemlich langer Zug von Menschen mit Wagen und Bündeln, der auch dort, wo der Wald anfing, nicht zu Ende zu sein schien. Das helle Kreischen ihrer Stimmen war von Angst erfüllt, und Feinhals sah, wie Frau Susan, in Pantoffeln, einen Mantel umgehängt, über die Brücke ging. Sie blieb beim Leutnant stehen und redete lange mit den Leuten, dann sprach sie auf den Leutnant ein. Auch Deussen kam, er ging langsam, die Zigarette im Mund, auch er sprach mit dem Leutnant, dann mit Frau Susan, redete auf die Leute ein – bis sich endlich der Zug der Flüchtlinge auf der anderen Seite langsam in Bewegung setzte und auf Szarny zu marschierte. Es waren viele Wagen, hochbepackt, mit Kindern und Kisten, Geflügel in Körben, ein langer Zug, der nur langsam vorwärts kam; Deussen kam mit Frau Susan zurück und versuchte ihr kopfschüttelnd etwas klarzumachen.

Feinhals zog sich langsam an und legte sich wieder aufs Bett. Er versuchte zu schlafen, aber Gress rasierte sich umständlich und pfiff leise vor sich hin, und ein paar Minuten später hörten sie zwei Wagen heranfahren. Erst hörte es sich an, als ob sie nebeneinander fuhren, dann schien der eine den anderen zu überholen, man hörte den einen kaum noch, als der andere schon unten vorfuhr. Feinhals stand auf und ging die Treppe hinunter: es war der braune Personenwagen, mit dem der Zahlmeister manchmal gekommen war, um den Arbeitern Geld zu bringen. Er stand drüben vor Temanns Haus, und eben ging Deussen mit einem Mann in Braun, der auch Majorsschulterstücke trug, auf die Brücke zu. Aber auch der zweite Wagen kam jetzt angefahren. Dieser Wagen war grau und drecküberzogen, vollgespritzt, und lahm schien er zu sein, er hielt vor Frau Susans Haus, und ein kleiner munterer Leutnant sprang heraus, der Feinhals zurief: »Macht euch abmarschbereit, es wird mulmig hier. Wo ist euer Chef?« Feinhals sah, daß der kleine Leutnant Pionierschulterstücke trug. Er zeigte auf die Brücke und sagte: »Da.«

»Danke«, sagte der Leutnant. Er rief dem Landser im Wagen zu: »Mach alles fertig«, und lief schnell auf die Brücke zu. Feinhals ging ihm nach. Der Mann in der braunen Uniform mit den Majorsschulterstücken sah die Brücke ganz genau an, ließ sich von Deussen alles zeigen, nickte anerkennend, schüttelte sogar anerkennend den Kopf und ging dann langsam mit Deussen zurück. Deussen kam sofort mit seinem Gepäck aus Temanns Haus, den Schraubschlüssel in der Hand, und der braune Wagen fuhr schnell zurück.

Mück kam mit den beiden MG-Schützen, dem Pionierleutnant und einem Artillerieunteroffizier zurück, der keine Waffe trug, dreckig aussah und abgehetzt schien: dem Mann lief der Schweiß übers Gesicht, er hatte auch kein Gepäck, nicht einmal eine Mütze und zeigte immer wieder aufgeregt in den Wald, über den Wald hinweg in die Berge. Feinhals hörte es jetzt: es waren Fahrzeuge, die langsam die Straße herunterkamen. Der kleine Pionierleutnant lief zu seinem Wagen und rief: »Schnell, schnell!« Der Landser kam mit grauen Blechschachteln, braunen Pappepaketen und einem Bündel von Drähten gelaufen. Der Leutnant sah auf seine Uhr: »Sieben«, sagte er, »wir haben zehn Minuten Zeit.« Er warf Mück einen Blick zu: »Punkt zehn nach soll sie in die Luft fliegen. Es wird nichts mit dem Gegenangriff.«

Feinhals ging langsam die Treppe hinauf, suchte oben sein Gepäck zusammen, nahm sein Gewehr, legte alles draußen vor die Tür und ging ins Haus zurück. Die beiden Frauen, immer noch nicht angekleidet, rannten aufgeregt durch die Flure, sie zerrten wahllos Gegenstände aus den Zimmern und schrien sich gegenseitig an. Feinhals blickte auf die Madonna: die Blumen waren welk – er suchte vorsichtig die welken Stengel heraus, lockerte die restlichen frischen Blumen zu einem Strauß und sah auf seine Uhr. Es war acht nach, und drüben auf der anderen Seite war das Geräusch der herankommenden Fahrzeuge deutlich zu hören, sie mußten schon an dem Dorf vorbei und im Wald sein. Draußen standen alle abmarschbereit. Leutnant Mück hatte einen Meldeblock in der Hand und schrieb die Personalien des abgehetzten Artillerieunteroffiziers auf, der müde auf der Bank saß.

»Schniewind«, sagte der Unteroffizier, »Arthur Schniewind ... wir gehören zur 912.« Mück nickte und schob den Meldeblock in seine Ledertasche. In diesem Augenblick kam der kleine Pionierleutnant mit dem Landser zurückgerannt und schrie: »Volle Deckung – volle Deckung!« Sie warfen sich alle auf die Straße, möglichst nahe an das Haus, dessen Front schräg zur Brückenrampe stand. Der Pionierleutnant sah auf seine Uhr – dann flog die Brücke in die Luft. Es gab keinen großen Krach, nichts schwirrte durch die Luft, es schien zu knirschen, dann explodierte es wie ein paar Handgranaten, und sie hörten das Klatschen der schweren Fahrbahn. Sie warteten noch einen Augenblick, bis der kleine Leutnant sagte: »Es ist vorbei.« Sie standen auf und sahen auf die Brücke: die Betonpfeiler standen noch da, sauber waren Gehsteig und Fahrbahn abgesprengt, nur drüben war ein Teil des Geländers hängengeblieben.

Das Geräusch der heranfahrenden Wagen war schon ganz nahe, dann wurde es plötzlich still: sie schienen im Wald zu halten.

Der kleine Pionierleutnant war eingestiegen, kurbelte in seinem Wagen herum und rief Mück zu: »Was warten Sie noch? Sie haben keinen Befehl, hier zu warten.« Er grüßte kurz und fuhr mit seinem schmutzigen kleinen Wagen davon.

»Antreten«, rief Leutnant Mück. Sie stellten sich auf der Straße auf, Mück stand da und blickte abwartend auf die beiden Häuser, aber in beiden Häusern rührte sich nichts. Nur hörte man jetzt das Weinen einer Frau, aber es schien die Alte zu sein.

»Marsch«, rief Mück, »marsch, ohne Tritt marsch.« Er ging ihnen voran: todernst und traurig – er schien irgendwohin zu blicken, sehr weit weg – oder rückwärts, irgendwohin.

9

Feinhals wunderte sich, wie groß das Anwesen der Fincks war. Von vorn hatte er nur dieses schmale alte Haus mit dem Schild ›Fincks Weinstuben und Hotel seit 1710‹ gesehen, eine baufällig aussehende Treppe, die in die Gaststube führte, ein Fenster links, zwei rechts von der Tür, und neben dem äußersten Fenster rechts die Einfahrt, wie sie an allen Weinbauernhäusern war: ein grüngestrichenes wackeliges Tor, durch das mit knapper Not ein Fuhrwerk fahren konnte.

Aber jetzt, als er die Tür zum Flur geöffnet hatte, sah er in einen großen, sauber gepflasterten Hof, der durch ein regelmäßiges Geviert sehr solider Bauten gebildet wurde. Im ersten Stock lief ein hölzernes Geländer um einen Rundgang, und durch ein weiteres Tor wurde ein zweiter Hof sichtbar, in dem Schuppen standen, und rechts ein einstökkiges Gebäude, offenbar ein Saal. Er blickte aufmerksam alles an, horchte und stockte plötzlich, als er die beiden amerikanischen Posten sah: sie bewachten die zweite Durchfahrt, liefen aneinander vorbei wie Tiere in einem Käfig, die einen bestimmten Rhythmus gefunden haben, um aneinander vorbeizukommen, einer hatte eine Brille auf, und seine Lippen bewegten sich unaufhörlich, der andere rauchte eine Zigarette, sie trugen ihre Stahlhelme in den Nacken geschoben und sahen ziemlich müde aus.

Feinhals rüttelte links an der Tür, auf die ein Zettel ›Privat‹ aufgeklebt war, und rechts an der anderen, die das Schild ›Gaststube‹ trug. Beide Türen waren verschlossen. Er blieb wartend stehen und sah den Posten zu, die unermüdlich auf und ab gingen. In der Stille war nur selten einmal ein Schuß zu hören, die Gegner schienen Granaten zu wechseln wie Bälle, die nicht ernst gemeint waren, nur andeuten sollten, daß noch Krieg war; sie stiegen auf wie Lärmsignale, die irgendwo krepierten, krachten und in der Stille verständlich machten: »Krieg, es ist Krieg. Vorsicht: Krieg!« Ihr Echo drang nur schwach herüber. Aber als Feinhals einige Minuten diesem harmlosen Lärm lauschte, bemerkte er, daß er sich getäuscht hatte: die Granaten kamen nur von der amerikanischen Seite, von der deutschen fiel kein Schuß. Es war kein Feuerwechsel, ein sehr einseitiges Loslassen von Explosionen, das sehr regelmäßig erfolgte und in der bergigen Landschaft drüben auf der anderen Seite des Flüßchens ein vielfältiges, leise drohendes Echo weckte. Feinhals ging langsam ein paar Schritte vor, bis in die dunkle Ecke des Flures, wo es links in den Keller und rechts an eine kleine Tür führte, auf die ein Pappeschild ›Küche‹ genagelt war. Er klopfte an die Küchentür, hörte ein sehr schwaches »Herein – bitte« und drückte die Klinke herunter. Vier Gesichter blickten ihn an, und ihn schreckte die Ähnlichkeit zweier Gesichter mit diesem leblosen, erschöpften Gesicht, das er sehr weit entfernt, auf der Wiese eines ungarischen Dorfes, schwach beleuchtet von rötlichem Feuerschein, für einige Augenblicke gesehen hatte. Der alte Mann am Fenster mit der Pfeife im Mund glich diesem Gesicht sehr, er war schmal und alt, und eine müde

Weisheit war in seinen Augen. Das zweite Gesicht, dessen Ähnlichkeit ihn erschreckte, war das Gesicht eines spielenden Jungen, der sechs Jahre alt sein mochte, mit einem hölzernen Wagen in der Hand am Boden hockte und nun zu ihm aufblickte: auch das Kind war schmal und sah alt aus, müde und weise, seine dunklen Augen blickten Feinhals an, dann senkte es gleichgültig seinen Blick und schob den Wagen mit müden Bewegungen über den Boden.

Die beiden Frauen saßen am Tisch und schälten Kartoffeln. Die eine war alt, aber ihr Gesicht war breit und braun, sehr gesund, und man sah, daß sie eine schöne Frau gewesen war. Die neben ihr saß, sah verblüht und ältlich aus, obwohl man bemerkte, daß sie jünger sein mußte, als sie aussah: sie war müde und niedergeschlagen, die Bewegungen ihrer Hände erfolgten wie zögernd. Blonde Strähnen fielen ihr über die blasse Stirn ins Gesicht, während die Alte straff gekämmt war.

»Guten Morgen«, sagte Feinhals.

»Guten Morgen«, antworteten sie.

Feinhals schloß die Tür hinter sich und zögerte, er räusperte sich und spürte, daß ihm der Schweiß ausbrach, ein dünner Schweiß, der ihm das Hemd unter den Achseln und auf dem Rücken festklebte. Die jüngere Frau, die am Tisch saß, sah ihn an, und er stellte fest, daß sie die gleichen sehr zarten, weißen Hände hatte wie der Junge, der am Boden hockte und ruhig seinen Wagen um eine brüchige Stelle in den Fliesen herumlenkte. In dem kleinen Raum roch es muffig nach unzähligen Mahlzeiten. Pfannen und Kochtöpfe hingen rundherum an der Wand.

Die beiden Frauen sahen den Mann an, der am Fenster saß und in den Hof blickte, er zeigte mit der Hand auf einen Stuhl und sagte: »Nehmen Sie Platz, bitte.«

Feinhals setzte sich neben die alte Frau und sagte: »Ich heiße Feinhals – bin aus Weidesheim – ich möchte nach Hause.«

Die beiden Frauen sahen auf, der Alte schien lebhafter

zu werden. »Feinhals«, sagte er, »aus Weidesheim – der Sohn von Jacob Feinhals?«

»Ja – wie geht es in Weidesheim?«

Der Alte zuckte die Schultern, paffte eine Rauchwolke aus und sagte: »Es geht ihnen nicht schlecht – die warten darauf, daß die Amerikaner ihren Ort besetzen, aber sie tun es nicht. Sie sind schon drei Wochen hier, aber die zwei Kilometer bis Weidesheim gehen sie nicht, auch die Deutschen sind nicht dort, es ist Niemandsland, keiner kümmert sich drum, es liegt wohl nicht gut ...«

»Man hört, daß die Deutschen manchmal reinschießen«, sagte die junge Frau, »aber nur selten.«

»Ja, man hört es«, sagte der Alte; er blickte Feinhals aufmerksam an.

»Wo kommen Sie her?«

»Von drüben – ich habe drüben drei Wochen gewartet, daß die Amerikaner kommen.«

»Genau gegenüber?«

»Nein – weiter südlich – bei Grinzheim.«

»In Grinzheim. So? Dort sind Sie rübergegangen?«

»Ja – diese Nacht.«

»Und haben Zivil angezogen?«

Feinhals schüttelte den Kopf. »Nein«, sagte er, »ich habe drüben schon Zivil angehabt – sie entlassen jetzt viele Soldaten.«

Der Alte lachte leise und blickte die junge Frau an. »Hörst du, Trude«, sagte er, »sie entlassen jetzt viele Soldaten – oh, was soll man anders als lachen ...«

Die Frauen waren fertig mit Kartoffelschälen; die junge Frau nahm den Topf, ging zum Wasserhahn in die Ecke und schüttete die Kartoffeln in ein Sieb. Sie ließ Wasser laufen und fing an, mit müden Bewegungen die Kartoffeln zu waschen.

Die alte Frau berührte Feinhals am Arm. Er wandte sich ihr zu.

»Entlassen sie viele?« fragte sie.

»Viele«, sagte Feinhals, »manche Einheiten entlassen alle – mit der Verpflichtung, sich im Ruhrgebiet zu sammeln. Aber ich bin nicht ins Ruhrgebiet gegangen.«

Die Frau am Wasserhahn fing an zu weinen. Sie weinte lautlos, leise bewegten sich ihre mageren Schultern.

»Oder weinen«, sagte der Alte am Fenster, »lachen oder weinen.« Er sah Feinhals an. »Ihr Mann ist gefallen – mein Sohn.« Er zeigte mit der Pfeife auf die Frau, die am Wasserhahn stand, sehr sorgfältig und langsam die Kartoffeln wusch und weinte. »In Ungarn«, sagte der Alte, »vorigen Herbst.«

»Im Sommer«, sagte die alte Frau, die neben Feinhals saß, »er sollte entlassen werden – ein paarmal stand er kurz davor, er war krank, sehr krank, aber sie mochten ihn wohl nicht gehenlassen. Er hatte die Kantine.« Sie schüttelte den Kopf und blickte auf die jüngere Frau am Wasserhahn. Die jüngere Frau schüttete die gewaschenen Kartoffeln vorsichtig in einen sauberen Kessel und ließ Wasser nachlaufen. Sie weinte immer noch, sehr still und fast lautlos, und sie setzte den Kessel auf den Herd und ging in die Ecke, um aus der Tasche eines Kittels ihr Taschentuch zu holen.

Feinhals spürte, daß sein Gesicht zusammenfiel. Er hatte nicht oft an Finck gedacht, nur ein paarmal sehr flüchtig, aber jetzt dachte er so intensiv daran, daß er es deutlicher vor sich sah als damals, als er es wirklich gesehen hatte: diesen unwahrscheinlich schweren Koffer, in den plötzlich die Granate einschlug, das Hochsausen des Kofferdeckels und wie der Wein im Dunkeln auf den Weg und in seinen Nakken spritzte, wie die Scherben klirrten – und wie klein und wie mager dieser Mann gewesen war, den er langsam abtastete, bis er in die große blutige Wunde fühlte und die Hand zurückzog …

Er sah dem Kind zu, das auf dem Boden spielte. Es zog mit seinen schmalen, weißen Fingern den Wagen ruhig um die Stelle herum, wo die Fliesen defekt waren – kleine Brennholzklötze lagen da, die aufgeladen, abgeladen, aufgeladen, abgeladen wurden. Das Kind war sehr zart und hatte die gleichen müden Bewegungen wie seine Mutter, die jetzt am Tisch saß und das Taschentuch vors Gesicht hielt. Feinhals blickte gequält rund und überlegte, ob er ihnen erzählen müsse, aber er senkte den Kopf wieder und beschloß, es ihnen später zu sagen. Er würde es dem alten Mann sagen. Jetzt wollte er nicht darüber sprechen: sie schienen sich jedenfalls keinen Gedanken zu machen, wie Finck aus seinem Lazarett nach Ungarn gekommen war. Die alte Frau berührte wieder seinen Arm. »Was ist«, fragte sie leise, »haben Sie Hunger? Ist Ihnen schlecht?«

»Nein«, sagte Feinhals, »vielen Dank.« In ihren eindringlichen Blick hinein wiederholte er: »Nein, wirklich nicht, danke.«

»Ein Glas Wein«, fragte der Alte vom Fenster, »oder einen Schnaps?«

»Ja«, sagte Feinhals, »einen Schnaps gern.«

»Trude«, sagte der Alte, »gib dem Herrn einen Schnaps.«

Die junge Frau stand auf und ging ins Nebenzimmer. »Wir wohnen sehr eng«, sagte die alte Frau zu Feinhals, »nur diese Küche und die Gaststube, aber es heißt, daß sie bald weitermarschieren, sie haben viele Panzer hier, und die Gefangenen sollen abtransportiert werden.«

»Haben Sie Gefangene im Haus?«

»Ja«, sagte der Alte, »es sind Gefangene vorn im Saal, nur hohe Offiziere, die hier verhört werden. Wenn sie verhört sind, kommen sie weg. Sogar ein General ist dabei. Sehen Sie, da!«

Feinhals ging zum Fenster, und der Alte zeigte mit den Fingern an den Posten vorbei durch die Einfahrt in den zweiten Hof, auf die Fenster des Sälchens, die mit Stacheldraht vernagelt waren.

»Da«, sagte der Alte, »wird wieder einer zur Vernehmung geführt.«

Feinhals erkannte den General sofort: er sah besser aus, entspannter, und er hatte jetzt das Kreuz am Hals, er schien sogar leise zu lächeln und ging ruhig und gehorsam vor den beiden Posten her, die die Läufe ihrer Maschinenpistolen auf ihn gerichtet hatten. Der General war fast gar nicht mehr gelb im Gesicht, und er sah auch nicht mehr müde aus, sein Gesicht war ebenmäßig, ruhig, gebildet und human, das sehr sanfte Lächeln verschönte sein Gesicht. Er kam aus der Durchfahrt, ging ruhig über den Hof und stieg vor den beiden Posten die Treppe hinauf.

»Das war der General«, sagte Finck, »sie haben auch Obersten da, Majore, nur Stabsoffiziere, fast dreißig.«

Die junge Frau kam mit den Gläsern und der Schnapsflasche aus dem Gastzimmer zurück. Sie stellte ein Glas vor den alten Finck auf die Fensterbank und das andere vor Feinhals' Platz auf den Tisch. Feinhals blieb am Fenster stehen. Er konnte von hier aus auch über den zweiten Hof hinwegsehen bis auf die Straße, die an der Hinterseite des Hauses vorbeiführte. Dort standen wieder zwei Posten mit Maschinenpistolen, und gegenüber der Stelle, wo die Posten standen, erkannte Feinhals jetzt das Schaufenster des Sarggeschäftes, und er wußte, daß dies die Straße war, in der das Gymnasium lag. Der Sarg stand immer noch im Schaufenster: schwarz poliert mit silbernen Beschlägen und einem schwarzen Tuch, das schwere silberne Troddeln hatte. Vielleicht war es noch derselbe Sarg, der vor dreizehn Jahren dort gestanden hatte, als er ins Gymnasium ging.

»Prost«, sagte der Alte und hob sein Glas.

Feinhals ging schnell zum Tisch, nahm sein Glas, sagte »Danke« zu der jungen Frau und »Prost« zu dem Alten und trank. Der Schnaps war gut. »Wann – glauben Sie – ist es günstig für mich, nach Hause zu kommen?«

»Sie müssen sehen, daß Sie an einer Stelle durchkommen, wo keine Amerikaner liegen – am besten am Kerpel – kennen Sie den Kerpel?«

»Ja«, sagte Feinhals, »sind dort keine?«

»Nein, dort sind keine. Es kommen oft Leute von drüben, die hier Brot holen – nachts – Frauen, sie kommen alle durch den Kerpel ...«

»Tagsüber schießen sie schon mal rein«, sagte die junge Frau.

»Ja«, sagte der Alte, »sie schießen tagsüber schon mal rein ...«

»Danke«, sagte Feinhals, »vielen Dank.« Er trank sein Glas leer.

Der Alte stand auf. »Ich fahre auf den Berg«, sagte er, »am besten, Sie kommen mit. Von oben können Sie alles gut sehen, auch das Haus Ihres Vaters ...«

»Ja«, sagte Feinhals, »ich komme mit.«

Er blickte die Frauen an, die am Tisch saßen und Gemüse putzten, sie entblätterten vorsichtig zwei Kohlköpfe, besahen die Blätter, zerschnitten sie und warfen sie in ein Sieb.

Das Kind blickte auf, es ließ den Wagen plötzlich stehen und fragte: »Kann ich mitkommen?«

»Ja«, sagte Finck, »geh mit.« Er legte die Pfeife auf die Fensterbank.

»Jetzt kommt der nächste dran«, rief er, »sehen Sie.«

Feinhals lief zum Fenster: der Oberst hatte jetzt einen schlappen Gang, sein spitzes Gesicht sah krank aus, und der Kragen, an dem die Orden baumelten, war ihm viel zu weit. Er hob kaum die Knie, schlenkerte mit den Armen. »Eine Schande«, murmelte Finck, »eine Schande.« Er nahm seinen Hut vom Haken und setzte ihn auf.

»Auf Wiedersehen«, sagte Feinhals.

»Auf Wiedersehen«, sagten die Frauen.

»Wir sind zum Essen zurück«, sagte der alte Finck.

Der Soldat Berchem liebte den Krieg nicht. Er war Kellner und Mixer in einem Nachtlokal gewesen, und es war ihm gelungen, bis Ende 1944 der Einberufung zu entgehen, und er hatte während des Krieges in diesem Nachtlokal eine Menge Dinge gelernt, die sich ihm aber in fast fünfzehnhundert Kriegsnächten unabänderlich bestätigten. Er hatte immer gewußt, daß die meisten Männer weniger Alkohol vertragen, als sie glauben, und daß die meisten Männer eine große Zeit ihres Lebens damit verbringen, sich einzureden, daß sie wilde Säufer sind, und daß sie das auch den Frauen einzureden versuchten, die sie mit in die Nachtlokale brachten. Aber es gab nur sehr wenig Männer, die wirklich saufen konnten und denen beim Saufen zuzusehen einem Spaß machte. Und auch im Krieg blieben diese Männer selten.

Und die meisten Menschen begingen den Irrtum, anzunehmen, daß ein Stück glänzenden Metalls auf der Brust oder am Halse eines Menschen diesen verändern könne. Sie schienen zu glauben, daß ein Dummkopf intelligent und ein Schwächling stark werden könne, wenn er an irgendeiner dekorativen Stelle seiner Uniform mit einer Auszeichnung behangen wurde, die er möglicherweise verdient hatte. Aber Berchem hatte eingesehen, daß es nicht wahr war: wenn es schon möglich sein sollte, einen Menschen durch eine Dekoration zu verändern, dann höchstens negativ. Aber er hatte diese Männer meistens nur eine Nacht gesehen, und er hatte sie vorher nicht gekannt, und er wußte nur, daß die meisten von ihnen keinen Alkohol vertrugen, obwohl sie alle glaubten, sie vertrügen ihn, und zu erzählen wußten, wieviel sie dann und dann und da und da auf einen Ritt getrunken hatten. Es war nicht schön, zu sehen, wenn sie betrunken waren, und dieses Nachtlokal, in dem er fünfzehnhundert Kriegsnächte als Kellner zugebracht hatte, wurde nicht sehr streng nach Schwarzhandelsware kontrolliert: irgendwo mußte es ja für die Helden etwas zu trinken und zu rauchen und zu essen geben, und sein Chef war achtundzwanzig Jahre alt, kerngesund, und wurde auch im Dezember 1944 noch nicht Soldat. Dem Chef machten auch die Bomben nichts, die allmählich die ganze Stadt zerstörten, der Chef hatte eine Villa draußen im Wald, sogar mit Bunker, und manchmal machte es ihm Spaß, ein paar besonders sympathische Helden zu einem privaten Trunk einzuladen, sie in seinen Wagen zu packen und sie draußen in seiner Villa zu bewirten.

Berchem hatte fünfzehnhundert Kriegsnächte hindurch sehr aufmerksam zugesehen, und er hatte oft zuhören müssen, obwohl es ihm langweilig war. Er wußte nicht, wieviel Sturmangriffe und Einkesselungen er aus Erzählungen kannte. Eine Zeitlang hatte er dran gedacht, es sich aufzuschreiben, aber es waren zu viele Sturmangriffe, zu viele Einkesselungen, und es gab zu viele Helden, die keine Auszeichnungen trugen und erzählen mußten, daß sie sie eigentlich verdient hätten, weil – er hatte viele von diesen Weil-Erzählungen angehört, und er hatte genug vom Krieg. Aber manche erzählten auch die Wahrheit, wenn sie betrunken waren – er erfuhr auch die Wahrheit von manchen Helden und von den Barfrauen, die aus Frankreich und Polen, aus Ungarn und Rumänien waren. Er hatte sich immer gut mit Barfrauen verstanden. Die meisten von ihnen konnten Alkohol vertragen, und er hatte eine Schwäche für Frauen, mit denen man einen trinken konnte.

Aber jetzt lag er in einer Scheune in einem Ort, der Auelberg hieß, er hatte ein Fernglas, ein Schulheft und ein paar Bleistifte und eine Armbanduhr, und er hatte alles aufzuschreiben, was er in dem Ort beobachten konnte, der Weidesheim hieß und hundertfünfzig Meter von ihm entfernt auf der anderen Seite des Flüßchens lag. In Weidesheim war nicht viel zu sehen: die halbe Front des Ortes wurde durch die Mauer der Marmeladenfabrik gebildet, und die Marmeladenfabrik lag jetzt still. Manchmal gingen Leute über die Straße, sehr selten, sie entfernten sich westlich in Richtung Heidesheim und waren bald in den engen Gassen unsichtbar geworden. Die Leute stiegen in ihre Weinberge und ihre Obstgärten hinauf, und er sah sie dort oben arbeiten, hinter Weidesheim, aber alles, was hinter Weidesheim geschah, brauchte er nicht in sein Schulheft zu schreiben. Das Geschütz, für das er hier den Beobachter spielte, bekam nur sieben Granaten am Tag, und diese Granaten mußten irgendwie verschossen werden, weil das Geschütz sonst gar keine bekam, und die sieben Granaten langten nicht zu einem Duell mit den Amerikanern, die in Heidesheim lagen – es war zwecklos, sogar verboten, auf die Amerikaner zu schießen, weil sie jeden Schuß hundertfach zurückgaben, sie waren sehr empfindlich. So nützte es nichts, wenn Berchem in sein Schulheft eintrug: ›10.30 amerikanischer Pkw aus Richtung Heidesheim nach Haus neben Eingang Marmeladenfabrik. Wagen parkt vor Marmeladenfabrik. Rückfahrt 11.15.‹ Dieser Wagen kam jeden Tag und stand fast eine Stunde hundertfünfzig Meter von ihm entfernt, aber es war zwecklos, es ins Heft zu schreiben: auf diesen Wagen wurde nie geschossen. Jedesmal entstieg ihm ein amerikanischer Soldat, der fast immer eine Stunde im Haus blieb und dann wegfuhr.

Der Geschützführer, den Berchem zuerst gehabt hatte, war ein Leutnant gewesen, er hieß Gracht, und man sagte von ihm, er sei Pastor. Berchem hatte nicht viel mit Pastoren zu tun gehabt, aber er fand, daß dieser sehr nett war. Gracht hatte seine sieben Granaten immer in die Flußmündung geschickt, die links von Heidesheim lag, ein versandetes und versumpftes kleines Delta, in dem nur Schilf wuchs, das die Bewohner Kerpel nannten, dort schadeten seine Granaten bestimmt niemand, und Berchem hatte daraufhin angefangen, in sein Schulheft zu schreiben, mehrmals am Tage: ›Auffällige Bewegungen Flußmündung.‹ Der Leutnant hatte dazu nichts gesagt und hatte seine sieben Granaten in den Sumpf geschickt. Aber seit zwei Tagen war ein anderer Geschützführer oben, ein Wachtmeister, der Schniewind hieß und der es sehr genau mit seinen sieben Granaten nahm. Auch Schniewind schoß nicht auf den amerikanischen Wagen, der immer vor der Marmeladenfabrik parkte, er hatte es auf die weißen Fahnen abgesehen: offenbar rechneten die Bewohner von Weidesheim immer noch jeden Tag damit, daß die Amerikaner ihren Ort besetzten, aber die Amerikaner besetzten den Ort nicht. Er lag sehr ungünstig, in einer Schleife, und er war sehr gut einzusehen, während Heidesheim fast gar nicht einzusehen war, und die Amerikaner hatten offenbar nicht den Plan, vorzugehen. Sie waren an anderen Stellen schon zweihundert Kilometer in Deutschland hineinmarschiert, schon fast in Mitteldeutschland, aber hier in Heidesheim lagen sie schon drei Wochen, und für jeden Schuß, der Heidesheim traf, hatten sie mehr als hundert zurückgeschickt, aber jetzt schoß niemand mehr nach Heidesheim: die sieben Granaten waren für Weidesheim und seine Umgebung bestimmt, und der Wachtmeister Schniewind hatte beschlossen, die mangelhafte patriotische Gesinnung der Weidesheimer zu bestrafen. Weiße Fahnen konnte er nicht dulden.

Trotzdem schrieb Berchem auch an diesem Tage in sein Schulheft: ›9 Uhr auffällige Bewegung in Flußmündung.‹ Und er schrieb dasselbe um 10.15 – und wieder um 11.45 schrieb er: ›Amerikanischer Pkw von H. nach W. Marmeladenfabrik.‹ Um zwölf verließ er seinen Posten für ein paar Minuten, um sich sein Essen zu holen. Als er die Leiter hinunterklettern wollte, rief ihm von unten Schniewind entgegen: »Moment, bleiben Sie noch oben.« Berchem kroch an das Scheunenfenster zurück und nahm das Fernglas in die Hand. Schniewind nahm ihm das Glas aus der Hand, warf sich gefechtsmäßig auf den Bauch und äugte hinaus. Berchem sah ihn von der Seite an: Schniewind gehörte zu dem Typ von Männern, die nichts vertrugen, aber sich einredeten und andere zu überzeugen vermochten, daß sie eine Menge vertrügen. Der Eifer war nicht ganz echt, mit dem er da auf dem Bauch lag und in das trostlose, leblose Weidesheim starrte, und Berchem sah, daß der Stern auf seiner Achselklappe noch ganz neu war und auch das Stück Litze, das seine Achselklappe mit einem vollendeten Hufeisen umrandete. Schniewind reichte Berchem das Fernglas zurück und sagte: »Schweine, diese verfluchten Schweine mit ihren weißen Fahnen – geben Sie mir das Heft.« Berchem gab es ihm. Schniewind sah es durch. »Quatsch«, sagte er, »ich weiß nicht, was ihr mit eurer versumpften

Flußmündung habt, da sind nur Frösche, geben Sie her.« Er riß Berehem das Fernglas aus der Hand und richtete es auf die Flußmündung. Berchem sah, daß eine leichte Spur von Speichel um Schniewinds Mund zu sehen war und daß ein sehr dünner Faden von Speichel nach unten hing. »Nichts«, murmelte Schniewind, »rein gar nichts in dieser Flußmündung – nichts rührt sich – Quatsch.« Er riß sich ein Blatt aus dem Schulheft, nahm einen Bleistiftstummel aus der Tasche, und während er aus dem Fenster blickte, schrieb er auf den Zettel. »Schweine«, murmelte er, »diese Schweine.« Dann ging er ohne zu grüßen weg und stieg die Leiter hinunter. Berchem stieg eine Minute später nach, um sein Essen zu holen.

Von oben, vom Weinberg aus, war alles gut zu übersehen, und Feinhals begriff, warum Weidesheim weder von Deutschen noch Amerikanern besetzt war: es lohnte sich nicht. Fünfzehn Häuser und eine Marmeladenfabrik, die stillag. Die Eisenbahnstation war in Heidesheim, und drüben auf der anderen Seite, die Station Auelberg, war von Deutschen besetzt: Weidesheim lag in einer toten Schleife. Zwischen Weidesheim und den Bergen, in einem Loch, lag Heidesheim, und er sah, daß auf jedem größeren Platz die Panzer dichtgedrängt standen; auf dem Schulhof des Gymnasiums, an der Kirche, auf dem Markt und dem großen Parkplatz am Hotel zum Stern, überall standen Panzer und Fahrzeuge, die nicht einmal getarnt waren. Im Tal blühten schon die Bäume, Hänge und Wiesen waren bedeckt mit blühenden Baumkronen, weiß, rötlich und bläulichweiß, und die Luft war mild: es war Frühling. Das Fincksche Grundstück konnte er von oben wie einen Riß sehen, die beiden viereckigen Höfe zwischen den engen Straßen, sogar die vier Posten konnte er erkennen, und im Hof des Sargladens sah er einen Mann, der an einer großen, weißlichgelben, etwas schrägen Kiste zimmerte, die offenbar ein Sarg werden sollte – das frisch gehobelte Holz war gut zu erkennen, es leuchtete rötlichgelb, und die Frau des Meisters saß auf einer Bank in der Sonne, nahe bei ihrem Mann, und putzte Gemüse.

Auf den Straßen war Leben, einkaufende Frauen, Soldaten, und eben verließ eine Schulklasse das Schulgebäude, das am Ende des Ortes lag. Aber in Weidesheim war es vollkommen still. Zwischen den großen Baumkronen waren die Häuser wie versteckt, aber er kannte jedes Haus dort und sah beim ersten Blick, daß die Häuser von Bergs und Hoppenraths beschädigt waren, das Haus seines Vaters aber unbeschädigt, es lag breit und gelb dort an der Hauptstraße mit seiner behäbigen Front, und die weiße Fahne, die im ersten Stock aus dem Schlafzimmer der Eltern heraushing, war besonders groß, größer als die weißen Fahnen, die er an anderen Häusern sah. Die Linden waren schon grün. Aber kein Mensch war zu sehen, und die weißen Fahnen hingen steif und tot in der Windstille. Auch der große Hof der Marmeladenfabrik war leer, rostige Eimer lagen haufenweise unordentlich umher, die Schuppen waren verschlossen. Plötzlich sah er, daß vom Heidesheimer Bahnhof ein amerikanischer Wagen schnell durch die Wiesen und Obstgärten auf Weidesheim zufuhr. Der Wagen verschwand manchmal unter den weißen Baumkronen, wurde wieder sichtbar, fuhr in die Weidesheimer Hauptstraße und hielt am Tor der Marmeladenfabrik.

»Verflucht«, sagte Feinhals leise zu Finck und zeigte mit dem Finger auf das Auto. »Was ist das?«

Finck saß neben ihm auf der Bank vor dem Geräteschuppen und schüttelte ruhig seinen Kopf. »Nichts«, sagte er, »nichts Bedeutendes, das ist der Liebhaber von Fräulein Merzbach, er fährt jeden Tag einmal rüber.«

»Ein Amerikaner?«

»Natürlich«, sagte Finck, »sie hat Angst, zu ihm hierhin zu kommen, weil die Deutschen manchmal in den Ort schießen – deshalb fährt er zu ihr.«

Feinhals lächelte. Er kannte Fräulein Merzbach gut: sie

war wenige Jahre jünger als er, und damals, als er wegging von zu Hause, war sie vierzehn Jahre alt gewesen, ein magerer, unruhiger Backfisch, der viel zuviel und schlecht Klavier spielte – er erinnerte sich manches Sonntagnachmittags, an dem sie unten im Salon der Direktorswohnung gespielt hatte, während er nebenan im Garten saß und las, und wenn ihr Spiel aufhörte, war ihr mageres, blasses Gesicht am Fenster erschienen, und sie hatte in die Gärten gesehen, traurig und unzufrieden. Einige Minuten war es dann still, bis sie wieder ans Klavier zurückgegangen war, um weiterzuspielen. Sie mußte jetzt siebenundzwanzig sein, und irgendwie freute es ihn, daß sie einen Liebhaber hatte.

Er dachte daran, daß er bald unten sein würde, zu Hause, direkt neben Merzbachs, und daß er morgen mittag wahrscheinlich diesen Amerikaner sehen würde. Vielleicht würde man mit ihm sprechen können, und es gab vielleicht eine Möglichkeit, durch ihn an Papiere zu kommen – er war sicher Offizier. Es war nicht wahrscheinlich, daß Fräulein Merzbach einen gewöhnlichen Soldaten zum Liebhaber hatte.

Er dachte auch an seine kleine Wohnung in der Stadt, von der er wußte, daß sie nicht mehr existierte. Die Leute dort hatten ihm geschrieben, das Haus stünde nicht mehr, und er versuchte sich das vorzustellen, aber er konnte es sich nicht vorstellen, obwohl er viele Häuser gesehen hatte, die nicht mehr existierten. Aber daß seine Wohnung nicht mehr existierte, konnte er sich nicht vorstellen. Er war nicht einmal hingefahren, als er Urlaub wegen des Schadens bekam, er sah nicht ein, warum er hinfahren sollte, nur um zu sehen, daß nichts mehr da war. Als er das letzte Mal dagewesen war, 1943, hatte das Haus noch gestanden, er hatte die zerstörten Fenster mit Pappe zugenagelt und war in das Nachtlokal gegangen, das ein paar Häuser weiter lag – dort hatte er drei Stunden gesessen, bis der Zug nach Hause fuhr, und er hatte sich eine Zeitlang mit dem Kellner unterhalten, der sehr nett war, ein nüchterner, ruhiger Mann, der noch jung war und ihm die Zigaretten für vierzig Pfennig und eine Flasche französischen Kognak für fünfundsechzig Mark verkaufte. Das war billig, und der Kellner hatte ihm sogar seinen Namen genannt – er wußte ihn nicht mehr – und hatte ihm eine Frau empfohlen, deren Reiz in einer echt wirkenden deutschen Biederkeit bestand. Sie hieß Grete, und alle nannten sie Mutter, und der Kellner hatte gesagt, es wäre sehr nett, mit ihr einen zu trinken und zu plaudern. Er hatte drei Stunden mit Grete geplaudert, die wirklich bieder zu sein schien, ihm von ihrem Elternhaus in Schleswig-Holstein erzählte und ihn über den Krieg zu trösten versuchte. In diesem Nachtlokal war es wirklich nett gewesen, obwohl ein paar besoffene Offiziere und Landser dort nach Mitternacht anfingen, Parademarsch zu üben.

Er war froh, daß er jetzt nach Hause gehen und dort bleiben konnte. Er würde lange dableiben und nichts tun, bis sich zeigen würde, was es gab. Arbeit würde es sicher genug geben nach dem Krieg, aber er hatte nicht vor, viel zu arbeiten. Er hatte keine Lust – er wollte nichts tun, vielleicht ein bißchen bei der Ernte helfen, unverbindlich, so wie Feriengäste, die schon mal eine Heugabel in die Hand nehmen. Vielleicht würde er später anfangen, in der Nachbarschaft ein paar Häuser aufzubauen, wenn er die Aufträge bekommen konnte. Er übersah mit einem schnellen Blick Heidesheim: es war manches zerstört, am Bahnhof eine ganze Häuserzeile und auch der Bahnhof selbst. Es stand noch ein Güterzug da, dessen Lokomotive zerschossen neben den Gleisen lag, aus einem Waggon wurde Holz auf ein amerikanisches Auto entladen, die frischen Bretter waren so deutlich zu sehen wie der Sarg im Garten des Tischlers, der heller und leuchtender war als die Blüten auf den Bäumen, sein gelbliches Weiß leuchtete deutlich herauf …

Er überlegte, welchen Weg er gehen sollte. Finck hatte ihm erklärt, daß die amerikanischen Posten an der Bahnlinie standen, auch Stellungen hatten sie dort, und daß sie nichts gegen einzelne Leute unternahmen, die zur Feldarbeit gingen. Aber wenn er ganz sicher gehen wollte, konnte er durch den Kanal kriechen, in dem der versandende Fluß für einige hundert Meter aufgefangen wurde; man konnte gebückt hindurchgehen, und viele Leute, die aus irgendeinem Grund nach drüben wollten, hatten ihn benutzt – und am Ende des Kanals war das unübersichtliche Buschwerk des Kerpels, das an die Gärten von Weidesheim grenzte. Wenn er einmal in den Gärten war, würde ihn keiner mehr sehen, dort kannte er jeden Schritt des Weges. Er konnte auch eine Hacke oder einen Spaten auf die Schulter nehmen. Finck versicherte, daß täglich viele Leute von Weidesheim herüberkämen, um in den Weinbergen und Obstgärten zu arbeiten.

Er wollte nur Ruhe: zu Hause im Bett liegen, wissen, daß niemand ihn belästigen konnte, an Ilona denken, vielleicht von ihr träumen. Später würde er anfangen zu arbeiten, irgendwann – erst wollte er sich ausschlafen und sich von der Mutter verwöhnen lassen; sie würde sich sehr freuen, wenn er für lange Zeit kam. Wahrscheinlich würden sie zu Hause auch etwas zu rauchen haben, und er würde nach langer Zeit wieder Gelegenheit haben, zu lesen. Fräulein Merzbach konnte jetzt sicher besser Klavier spielen. Es fiel ihm ein, daß er sehr glücklich gewesen war, damals, als er im Garten sitzen und lesen konnte und dem schlechten Klavierspiel von Fräulein Merzbach zuhören mußte, er war glücklich gewesen, obwohl er es damals nicht gewußt hatte. Heute wußte er es – er hatte davon geträumt, Häuser zu bauen, wie sie noch kein Mensch gebaut hatte, aber später hatte er Häuser gebaut, die sich kaum von denen unterschieden, die andere Leute bauten. Er war ein sehr mittelmäßiger Architekt geworden und wußte es, aber es war doch schön, sein Handwerk zu verstehen und einfache, gute Häuser zu bauen, die einem manchmal sogar noch gefielen, wenn sie fertig waren. Es kam nur darauf an, sich selbst nicht allzu ernst zu nehmen – das war alles. Der Weg nach Hause kam ihm sehr weit vor jetzt, obwohl es nicht viel mehr als eine halbe Stunde sein konnte; er war sehr müde und faul, und er hätte sich gewünscht, sehr schnell mit einem Wagen dorthin gefahren zu werden, nach Hause, sich ins Bett zu legen und zu schlafen. Es war ihm sehr lästig, diesen Weg zu gehen, den er bald gehen mußte: durch die Front der Amerikaner hindurch. Es konnte Schwierigkeiten geben, und er wollte keine Schwierigkeiten mehr, er war müde, und alles war ihm lästig.

Er nahm seine Mütze vom Kopf und faltete die Hände, als es Mittag läutete – Finck und der Junge taten das gleiche; auch der Tischler unten im Hof, der den Sarg zimmerte, ließ sein Werkzeug liegen, und die Frau stellte den Gemüsekorb beiseite und stand jetzt mit gefalteten Händen im Hof. Die Menschen schienen sich nicht mehr zu schämen, öffentlich zu beten, und es kam ihm irgendwie widerwärtig vor, auch bei sich selbst: er hatte auch früher gebetet – auch Ilona hatte gebetet, eine sehr fromme und kluge Frau, die sogar schön war und so klug, daß sie nicht einmal durch die Priester an ihrem Glauben hätte irre werden können. Als er jetzt betete, ertappte er sich dabei, daß er um etwas betete, fast gewohnheitsmäßig, obwohl es nichts gab, was er sich wünschte: Ilona war tot, um was hätte er beten sollen? Aber er betete um ihre Rückkehr – von irgendwoher, um seine glückliche Heimkehr, obwohl diese schon fast vollzogen war. Er hatte alle diese Leute im Verdacht, daß sie um etwas beteten, um die Erfüllung irgendeines Wunsches, aber Ilona hatte ihm gesagt: »Wir müssen beten, um Gott zu trösten –«, sie hatte das gelesen und es außerordentlich gefunden, und während er die Hände gefaltet hatte, nahm er sich vor, erst richtig zu beten, wenn er um nichts mehr beten konnte. Er wollte dann auch in die Kirche gehen, obwohl es ihm schwerfiel, die Gesichter der meisten Priester und ihre Predigten zu ertragen, aber er wollte es tun, um Gott zu trösten – vielleicht Gott auch über die Gesichter und Predigten der Priester zu trösten. Er lächelte, nahm seine Hände wieder auseinander und setzte die Mütze auf …

»Sehen Sie da«, sagte Finck, »jetzt werden sie abtransportiert.« Er zeigte nach Heidesheim hinunter, und Feinhals sah, daß ein Lastwagen vor dem Hause des Sargtischlers stand, ein Lastwagen, der sich langsam mit Offizieren aus Fincks Sälchen füllte: sogar von oben waren ihre Orden gut zu sehen. Dann entfernte sich der Lastwagen auf der baumreichen Landstraße sehr schnell nach Westen, dorthin, wo kein Krieg mehr war …

»Man erzählt sich, daß sie bald vorgehen werden«, sagte Finck, »sehen Sie die Panzer alle?«

»Ich hoffe, sie werden Weidesheim recht bald erobern«, sagte Feinhals. Finck nickte. »Es wird nicht mehr lange dauern – besuchen Sie uns einmal?«

»Ja«, sagte Feinhals, »ich werde oft zu Ihnen kommen.«

»Es würde mich freuen«, sagte Finck, »wollen Sie Tabak?«

»Danke«, sagte Feinhals; er stopfte sich eine Pfeife, Finck gab ihm Feuer, und sie sahen eine Zeitlang in die blühende Ebene hinunter, während der alte Finck seine Hand auf dem Kopf des Enkelkindes liegen hatte.

»Ich werde jetzt gehen«, sagte Feinhals plötzlich, »ich muß gehen, ich will nach Hause …«

»Gehen Sie«, sagte Finck, »gehen Sie ruhig, es besteht keine Gefahr.«

Feinhals gab ihm die Hand. »Vielen Dank«, sagte er und sah ihn an, »vielen Dank – ich hoffe, ich kann Sie bald wieder besuchen.« Er gab auch dem Jungen die Hand, und das Kind sah ihn aus seinen dunklen, schmalen Augen nachdenklich und etwas mißtrauisch an.

»Nehmen Sie die Hacke mit«, sagte Finck, »es ist besser.«

»Danke«, sagte Feinhals und nahm die Hacke aus Fincks Hand.

Eine Zeitlang schien es, als stiege er genau dem Sarg entgegen, der unten im Hof gezimmert wurde, er ging genau senkrecht darauf zu, er sah die gelbe leuchtende Kiste größer und deutlicher werden, wie durch die Gläser eines Fernglases hindurch, bis er rechts abschwenkte, am Dorf vorbeiging; er tauchte im Strom der Schulkinder unter, die gerade das Schulgebäude verließen, blieb in einer Gruppe von Kindern bis zum Stadttor und war allein, als er ruhig über die Straße zur Unterführung ging. Er wollte nicht durch den Kanal kriechen, es war ihm zu lästig. Auch durch den unwegsamen, sumpfigen Kerpel zu gehen war ihm zu lästig – und außerdem würde es höchstens auffällig aussehen, wenn er erst rechts, dann wieder links in das Dorf hineinging. Er nahm den geraden Weg, der durch Wiesen und Obstgärten führte, und war vollkommen ruhig, als er hundert Meter vor sich jemand mit der Hacke gehen sah.

Die Amerikaner hatten an der Unterführung nur einen Doppelposten stehen. Die beiden Männer hatten die Stahlhelme abgenommen, rauchten und blickten gelangweilt in die blühenden Gärten zwischen Heidesheim und Weidesheim; sie beachteten Feinhals nicht, sie lagen schon drei Wochen hier, und seit zwei Wochen war kein Schuß mehr nach Heidesheim gekommen. Feinhals ging ruhig an ihnen vorbei, nickte ihnen zu, sie nickten gleichgültig zurück.

Er hatte nur noch zehn Minuten zu gehen, geradeaus durch die Gärten, dann linksherum zwischen Heusers und Hoppenraths durch, ein Stück die Hauptstraße hinunter, und er war zu Hause. Vielleicht würde er unterwegs noch jemand treffen, den er kannte, aber es begegnete ihm niemand, es war vollkommen still, nur die entfernten Geräusche fahrender Lastwagen erreichten ihn, aber ans Schießen schien um diese Zeit keiner zu denken. Nicht einmal die regelmäßigen Explosionen von Granaten, die ihm wie Warnsignale erschienen waren, erfolgten jetzt.

Er dachte mit einer gewissen Bitterkeit an Ilona: irgendwie schien es ihm, sie habe sich gedrückt, sie war tot, und zu sterben war vielleicht das einfachste – sie hätte jetzt bei ihm sein müssen, und ihm schien, sie hätte auch bei ihm sein können. Aber sie schien gewußt zu haben, daß es besser war, nicht sehr alt zu werden und sein Leben nicht auf eine Liebe zu bauen, die nur für Augenblicke wirklich war, während es eine andere ewige Liebe gab. Sie schien vieles gewußt zu haben, mehr als er, und er fühlte sich betrogen, weil er jetzt bald zu Hause war, dort leben würde, lesen, möglichst nicht viel arbeiten und beten, um Gott zu trösten, nicht um ihn um etwas zu bitten, das er nicht geben konnte, weil er einen liebte: Geld oder Erfolg, oder irgend etwas, das einem half, sich durchs Leben zu pfuschen – die meisten Menschen pfuschten sich irgendwie durchs Leben, auch er würde es tun müssen, denn er würde keine Häuser bauen, die unbedingt von ihm gebaut werden mußten – jeder andere mittelmäßige Architekt konnte sie bauen …

Er lächelte, als er an Hoppenraths Garten vorbeikam: sie hatten immer noch nicht ihre Bäume mit diesem weißen Zeug bespritzt, von dem der Vater behauptete, es sei unbedingt nötig. Er hatte immer Krach mit dem alten Hoppenrath deswegen, aber der alte Hoppenrath hatte immer noch nicht dieses weiße Zeug auf seinen Bäumen. Jetzt war es nicht mehr weit bis nach Hause – links lag Heusers Haus, rechts Hoppenraths, und er brauchte nur noch durch diese schmale Gasse zu gehen, dann links ein Stück die Hauptstraße hinunter. Heusers hatten das weiße Zeug an ihren Bäumen. Er lächelte. Er hörte drüben den Abschuß genau und warf sich hin – sofort –, und er versuchte, weiter zu lächeln, erschrak aber doch, als die Granate in Hoppenraths Garten schlug. Sie krepierte in einer Baumkrone, und ein milder dichter Regen von weißen Blüten fiel auf die Wiese. Die zweite Granate schien weiter vorn zu liegen, mehr auf Bäumers Haus zu, dem Haus seines Vaters fast gegenüber, die dritte und vierte lagen in gleicher Höhe, aber mehr links, es schien mittleres Kaliber zu sein. Er stand langsam auf, als auch die fünfte dorthin schlug – und dann nichts mehr kam. Er horchte eine Zeitlang, hörte keinen Abschuß mehr und ging schnell weiter – im ganzen Dorf bellten die Hunde, und er hörte das wilde Flügelschlagen der Hühner und Enten in Heusers Stall – auch die Kühe brüllten dumpf in manchen Ställen, und er dachte: ›Sinnlos, wie sinnlos.‹ Aber vielleicht schossen sie auf den amerikanischen Wagen, den er nicht hatte zurückfahren hören, doch als er um die Ecke der Hauptstraße bog, sah er, daß der Wagen schon weg war – die Straße war ganz leer –, und das dumpfe Gebrüll der Kühe und das Bellen der Hunde begleiteten ihn die wenigen Schritte, die er noch zu gehen hatte.

Die weiße Fahne am Haus seines Vaters war die einzige in der ganzen Straße, und er sah jetzt, daß sie sehr groß war – es schien eins von Mutters riesigen Tischtüchern zu sein, die sie bei Festlichkeiten aus dem Schrank holte. Er lächelte wieder, warf sich aber plötzlich hin und wußte, daß es zu spät war. ›Sinnlos‹, dachte er, ›wie vollkommen sinnlos.‹ Die sechste Granate schlug in den Giebel seines Elternhauses – Steine fielen herunter, Putz bröckelte auf die Straße, und er hörte unten im Keller seine Mutter schreien. Er kroch schnell ans Haus heran, hörte den Abschuß der siebenten Granate und schrie schon, bevor sie einschlug, er schrie sehr laut, einige Sekunden lang, und er wußte plötzlich, daß Sterben nicht das einfachste war – er schrie laut, bis die Granate ihn traf, und er rollte im Tod auf die Schwelle des Hauses. Die Fahnenstange war zerbrochen, und das weiße Tuch fiel über ihn.